AF435163

Marco "Frullo" Frullanti

FACEBOOK KILLED THE INTERNET STAR

Internet, social network e altre nefandezze

I edizione: febbraio 2016
© tutti i diritti riservati

Nativi Digitali Edizioni snc
Via Broccaindosso n.16, Bologna

www.natividigitaliedizioni.it
info@natividigitaliedizioni.it
ISBN: 978-88-98754-41-0

seguici su:

Copertina a cura di **Federico Bicocchi**
kenneth.bicocchi103@gmail.com

Contatti **Marco "Frullo" Frullanti**

Profilo Facebook: Marco Frullo Frullanti
Profilo Twitter: @Frullo

INTRO
Here we go again

Se le citazioni di inizio libro vi hanno suscitato perplessità, rileggetele sostituendo mentalmente "lavoro" con "internet" e "lavorare" con "stare su internet". Così, avranno più senso, forse… comunque dicevamo? Beh, non ci crederete, ma mi è successo ancora.

Invece di fare un giro al mercatino bio o andare a fare l'aperitivo macrobiotico per 12€, mi sono chiuso in casa con la folle idea di scrivere. E sono pure recidivo.

Dopo un trattatello sulla cultura pop/nerd degli anni '90 (dall'originalissimo titolo "Anni '90"), che mi pare già terribilmente approssimativo e che prima o poi dovrò riscrivere e ampliare, quando mai mi verrà la voglia e risolverò la terribile dipendenza da giochini gestionali per smartphone, e un diario del mio viaggio giapponese ("Un Gaijin in Giappone") che come tale lascia un po' il tempo che trova, questa volta ho scelto di affrontare un tema decisamente più tosto.

La teoria del gender?

Il ritorno dei Marò?

L'etnia di Carlo Conti?

No, no, intendo veramente pesante. La storia di internet! O almeno, *la mia storia di internet.*

Sapete, nascere nel 1986 ha comportato beneficiare delle radiazioni di Chernobyl da neonato, laurearmi nel bel mezzo della Crisi, presumibilmente arrivare alla pensione a 75 anni, se va bene. Ma tutte queste sfighe sono controbilanciate dal tempismo perfetto in un ambito: sono di fatto cresciuto di pari passo con Internet.

Da quando avevo quattordici anni, passo una considerevole e disdicevole parte del mio tempo libero sulle community online, che ho visto svilupparsi, degenerare e trasformarsi in social network. Su internet ho conosciuto ottimi amici e pessimi nemici, sono stato parte di molte comunità di interesse, e nel mio piccolo ho anche contribuito alla crescita di alcune, sul web ho pure incontrato la mia fidanzata e socia d'affari. Pochi si sono sorpresi quando ho fatto di "internet" anche il mio mestiere. Quindi sì, penso di sapere un paio di robe in materia.

Senza la pretesa di voler mostrare la Via alle sciocche masse, il presente libretto è in primo luogo una collezione di ricordi dal 2000 al 2014, 15 anni in cui internet e le comunità online sono cambiate enormemente. Che ci crediate o no, a differenza di *Anni '90*, un inno al copia-incolla selvaggio, e di *Un Gaijin in Giappone*, scritto più che altro per cazzeggio e poi pubblicato giusto perché mi capita di gestire una casa editrice digitale, *Facebook Killed the Internet Star* è forse il mio vero e proprio *libro*. Sì, una parte consistente dei contenuti erano già stati pubblicati per cazzeggio su www.ilmegliodiinternet.it. Tuttavia, questo libro è comunque frutto di ricerche, brainstorming, scalette e indici su Evernote, riletture mie o di altre persone, bocciature preliminari da parte della mia editor d'eccezione Annalia, riscritture, altre scalette, altri indici, altre riletture. Insomma, credo che sia un prodotto discretamente curato. Che poi possa effettivamente piacervi, questo me lo saprete poi dire voi.

Facebook Killed the Internet Star è strutturato in cinque capitoli, ognuno con un *bonus stage* finale, che corrispondono a cinque percorsi nella storia delle comunità su internet: dalle nicchie al marasma dei social network, dal cazzeggio disinteressato al *serious business*, dall'anonimato alle web celebrity e alla totale assenza di privacy, dai primi meme al meta-humour (ecco, questo è il capitolo veramente *nerd*, nel bene e nel male), e poi una guida alla sopravvivenza in quel guazzabuglio che è l'internet di oggi. Per "oggi", intendo il 2015-2016: se leggerete questo libro più in là, beh, non ho una cacchio di DeLorean quindi non ho responsabilità su quello che potrà succedere, anche se qualche idea me la sono fatta.

Perché il titolo? Non solo perché sembra un articolo di Vice e può quindi catturare l'attenzione di un certo pubblico *urbano* e *che non sa più dove diavolo buttare i soldi di papà*, ma anche perché ritengo che per le community online il punto di cesura sia stato il boom di Facebook nel 2008. Il perché di questa affermazione? Ma che palle, aspettate almeno di leggervi il libro…

Disclaimer: il libro contiene parolacce, frecciatine a politici e personalità dello spettacolo, battute di cattivo gusto e riferimenti più o meno beceri, ve lo dico subito quindi non lamentatevi poi sulle recensioni se vi siete offesi. Questo perché è il mio stile di scrittura, piaccia o non piaccia, e perché, dal mio punto di vista, è impossibile parlare di internet ed essere *politically correct*. Inoltre, userò alcuni termini diciamo… tecnici. Se non capite certe espressioni da nerd (è un buon segno, vuole dire che forse riuscirete a perdere la verginità prima di compiere trent'anni), a fine libro c'è una specie di glossario. Inoltre, qua e là troverete qualche intervistucola a quelle che io considero *personalità di spicco* di internet a proposito di argomenti in cui se ne intendono più di me.

Ok, ora basta con 'ste stronzate; buona lettura, e buon internet.

I - DALLE COMUNITÁ DI NICCHIA AI SOCIAL NETWORK

*Introduzione: i bei tempi passati...
ma anche no.*

La cosa oggi può stupire, ma sì, internet esisteva anche prima di Facebook. I ricercatori del CERN dovevano pure passarsi immagini pornografiche tra loro, no? Esistevano già video demenziali, insulti nei commenti, gente che si prendeva troppo sul serio... dei pornazzi vi ho già parlato, no? Ora, io non sono tra quelli che si commuovono sentendo il rumore del modem a 56k (tiratelo fuori e usatelo ORA che un sito medio è più pesante del deretano di Giuliano Ferrara, se siete tanto fighi) o che rimpiangono i tempi in cui socializzare sul web voleva dire partecipare ai quiz nelle chat di WinMX. Sia dal punto di vista tecnico che di pura libertà di scelta, l'internet prima di tutte le chincaglierie che oggi diamo per scontate era anche una discreta merda, eh.

Tuttavia, sì, per me e tanti altri il peso dell'età si fa sentire, e i ricordi di quel web senz'altro più grezzo, incasinato e molto meno fruibile, ma più anarchico e forse un po' più "libero", hanno il loro fascino.

Siete nati dopo, diciamo, il '92, e quindi quell'epoca gloriosa non l'avete vissuta al meglio? Non fatevi prendere in giro: in fondo non vi siete persi nulla di che, così come fare la fila al telefono pubblico per avvertire la mamma che no, non eri morto o in coma ma avresti fatto tardi per cena o fare gli squilli sul cellulare perché avevi finito la promozione dei messaggi non era tutta sta gran bella vita. Detto ciò, sì, prima che le comunità virtuali diventassero un calderone indistinto dove le solite quattro stronzate rimbalzano da una parte all'altra e i contenuti di valore sono pressoché ignorati, esistevano dei piccoli microcosmi un po' infantili, se vogliamo, ma con un certo fascino. Un po' come abitare in un paesino sfanculato in montagna, dove non c'è mai niente da fare ma si trae il meglio dalle piccole cose, piuttosto che in una metropoli senza identità dove ci sono mille pub ma non sai mai dove andare... O qualcosa del genere, insomma.

I Forum e le Creature da Forum

Come molti quattordicenni che scoprivano internet per la prima volta (quando ancora internet si scopriva a quattordici anni a casa di un amico particolarmente smanettone, e non a due col telefono di papà), tre erano le cose che veramente mi interessavano nel 2000, anno del mio battesimo sul web. Una ve la lascio immaginare (oh, avevo quattordici anni…), un'altra erano i videogiochi multiplayer prima che mi rendessi conto che fossero una camionata di letame, e l'ultima era l'affascinante e oscuro mondo delle community online.

Prima che arrivassero i social network a fagocitare e rigurgitare l'internet pre-esistente come un fattone in fame chimica al McDonalds, c'erano comunque tanti che usavano internet per socializzare. Quattordicenni, appunto, esaltati da quel mondo nuovo e apparentemente pieno di opportunità, ma anche dipendenti statali, ormai annoiati da Campo Minato e dalla Settimana Enigmistica e desiderosi di sperimentare nuove soluzioni di cazzeggio, qualche sparuto esponente del gentil sesso (o qualche quarantenne barbuto che si presentava come tale) e una buona quantità di pervertiti e loschi figuri (quelli, ovviamente, ci son sempre stati). E dove si radunava questa disomogenea congrega di fancazzisti prima dei social network? Beh, nei forum di internet, ovvio.

Ora, non è mia intenzione fare un'analisi tecnica o sociologica sui forum (non è quello che volete, vero?), né di confrontare *i forum di una volta* col panorama attuale (in cui si sono trasformati da un circoletto di svalvolati a uno spazio virtuale di assistenza tecnica, come confermano le statistiche sui forum più popolati). Piuttosto vorrei direi due robe sugli abitanti di quelle community oggi scomparse o trasformate irrimediabilmente. Non so bene quanto tale tassonomia si possa applicare anche ai forum di oggi, ma credo di sì, visto che difficilmente la gente cambia…

L'Admin
L'*Admin* è il pezzo grosso, il fondatore del forum oppure il cugino del nipote del salumiere del fondatore. Esistono fondamentalmente tre tipologie di admin da forum:

- *l'inesistente*, o *molisano*, che sembra occupare il tempo

pianificando nell'ombra diabolici magheggi di dominazione del mondo e vile arricchimento personale, e quindi non si fa mai vedere dai comuni mortali, se non in circostanze assurde, ad esempio con commenti garbati in un improbabile thread sul giardinaggio;
- il *Finto Guascone*, che ci tiene a farsi vedere presente, spara battutine, fa l'amicone ma quando lo contraddici in una discussione su chi sia più figa tra Tifa e Aeris ti manda un messaggio privato ricordandoti che può bannare il tuo culo in un nanosecondo se solo gli gira;
- il *Boss Mafioso*, una versione più circoscritta dell'*inesistente* che ama costruire dietro di sé un'immagine mitica, giustificando le proprie sparizioni lasciando trapelare viaggi in Cambogia per trafficare partite di schede video, o robe simili.

Il Mod

Il *Mod* (acronimo di *moderatore*, per i meno svegli tra i lettori) è odiato, in modo più o meno manifesto, da una buona parte degli utenti, si prende le colpe ma non i meriti, è svegliato da telefonate nel cuore della notte con ordini di cancellare un thread e in generale è sempre lui a fare il lavoro sporco di gestione del forum, senza venire pagato una lira. Fatte queste premesse, può sorprendere che il sogno bagnato di gran parte dei forumisti sia quello di diventare *Mod*. Masochismo, sembrerebbe, ma in realtà si tratta pura e semplice sete di potere, nella forma maggiormente sfigata ma comunque più accessibile ad un mingherlino che ha appena iniziato il liceo. Quando chiude un thread o quando inoltra una richiesta di ban, il *Mod* proietta nelle sue vittime il bullo che gli frega le merendine o che lo deride per i brufoli, lo si riconosce perché è quello che ghigna senza un motivo apparente davanti al monitor. La figura antica del moderatore dei forum ricorda in maniera inquietante quella odierna degli admin di alcune nefaste pagine Facebook; sì, è quasi superfluo aggiungere che anch'io ho fatto il *mod*, ai miei tempi.

Aspiranti mod

Ecco, l'*aspirante mod* invece ricorda l'admin di una pagina da 500 fan che spamma le sue tristi amenità ovunque, fa il lecchino con chi può essergli utile e il bastardo con chi vuole prevaricare, se la tira non si capisce per che cosa e in generale risulta ridicolmente irritante. L'*aspirante mod*, se dopo un po' non viene fatto *mod*, quasi sempre si sente in dovere di reclamare vendetta e diventa invece un *troll*.

Ragazze

Nella perversa gerarchia dei forum, un posto di rilievo è occupato dalle ragazze, o da chi si presenta come tale. Vi ricordo che vi parlo dei tempi antecedenti a Pinterest e alle *duckface*, tempi in cui le *nerd gurrrlz* erano una rarità; oggi forse la situazione è diversa, anche se sospetto che i forum di videogiochi e di informatica siano rimasti la solita festa del salsicciotto. Comunque, similmente al momento in cui una ragazza entra nel giro di una compagnia di sedicenni brufolosi in piena tempesta ormonale, quando una tipa inizia a frequentare un forum si creano fazioni e complotti, amici storici diventano acerrimi rivali, tutti le fanno il filo in maniera patetica e in generale si creano situazioni di smaccato disagio sociale (più del solito). Poi dopo un po' salta fuori che "Faye_Valentine_Love" in realtà è un impiegato dell'INPS trentaseienne di nome Gioele o, peggio, un cessone clamoroso, e si torna alla normalità, almeno fino all'arrivo della prossima "ragazza".

Spammone

Per "spammone" nei forum non si intende tanto chi si dedica solo all'autopromozione smaccata, bensì chi inonda tutti i thread di puttanate a caso. Spesso tali esecrabili personaggi sono motivati nella loro missione da quei cazzo di contatore dei post, a volte addirittura accompagnato da titoli onorifici, che contribuiscono a inasprire la già opprimente scala gerarchica dei forum. In realtà, lo spammone molte volte è semplicemente un burlone che non ha un cazzo da fare da mattina alla sera a parte scrivere "ciauz", "culo" o faccine a caso in tutti i thread.

Troll

Croce e delizia (inconfessata) di tutti i membri, il troll da forum è antesignano dei troll da social network, e in quanto tale fa della perseveranza, della maleducazione e dello *shitposting* i propri cavalli di battaglia nella sua costante azione di disturbo. Molti troll vengono bannati appena gettano la maschera, ma a volte capita che alcuni di loro finiscano per risultare a loro modo simpatici e diventano la mascotte della community, almeno fino alla notte in cui sono presi da un raptus e spammano bestemmie in tutti i thread.

Utente Modello

L'Utente Modello di un forum anima le discussioni, non commenta i thread solo con "primo1!!!1!" "OLD" o "xDDDD" ma con argomentazioni sensate, risponde esaustivamente alle domande, non ha sete di potere, non dà corda al troll, non spamma e non è disposto a rinunciare alla sua dignità pur di broccolare le "ragazze". Ora ditemi se avete mai visto un Utente Modello in un qualsiasi forum. Io, mai.

Niubbi
Tutta la rimanente percentuale degli utenti del forum, cioè il 98,3% approssimato per difetto.

Chat e personaggi da chat

Uno dei libri che ho pubblicato con Nativi Digitali Edizioni parla di una relazione virtuale, dove la chat funge da non-luogo in cui due persone comuni che conducono un'esistenza normale scoprono di provare qualcosa di speciale l'uno per l'altro. Ciò mi ha in realtà riportato alla mente ricordi di un internet ormai dimenticato, quello dove ciò che oggi chiamiamo "popolo della rete" guardava solo Uomini e Donne e la gente che popolava le prime chat, che crashavano in continuazione e/o si basavano sul mitico mIrc, era un po' *bizzarra*, per usare un eufemismo.

Oggi probabilmente le chat *pure*, dove utenti anonimi si incontrano tra loro, sono usate quasi esclusivamente per finalità sessuali più o meno esplicite, visto anche che le webcam sono molto più comuni. Beh, forse non ci crederete, ma non è sempre stato così.

Prima che arrivasse facebook, gli utenti abituali della rete non consideravano strano scrivere del più o del meno con sconosciuti con nickname come "qwertyO_O" o "pippopippo"; chi frequentava abitualmente le chat non era necessariamente un pervertito; sicuramente, tuttavia, era un fancazzista. Da ambienti più "mainstream" come C6 o la chat di mtv.it, si passava a room improbabili accessibili da siti assurdi, oltre al variegato microcosmo di Irc. In questi ambienti ci potevi trovare di tutto, ma spesso la "gente da chat" era riconducibile a stereotipi consolidati. Ecco alcune *creature da chat*:

Il bimbominkia

Ci siamo passati tutti: quando scopriamo per la prima volta internet, i manga o la pasta con il sugo di salsiccia, ci trasformiamo come Enrico Papi sotto effetto di bamba, diventiamo entusiasti, invadenti, scalmanati, rompicoglioni. Di solito chi scopre per la prima volta una chat particolarmente frequentata sui film degli anni '30 o sui molluschi (è indifferente, tanto si va sempre sistematicamente off topic) si comporta come, appunto, un bimbominkia, poi dopo aver ricevuto un paio di kick e una pletora di insulti si evolve o va a fracassare scroti altrove. Il bimbominkia oggi è parlamentare con il Movimento 5 Stelle.

Il nazista vendicativo

Similmente al moderatore da forum, l'*OP*, o mod delle chat, è quasi sistematicamente un quindicenne che viene deriso e schernito a scuola, in famiglia, dai pochi amici, al corso di judo, per strada. Su internet, tale povera creatura riesce per la prima volta a conquistare una qualche forma di potere e state pur sicuri che farà di tutto per abusarne, terrorizzando qualunque poverino gli si trovi a portata e *kickando* gente a caso come un russo a un matrimonio dopo il decimo giro di vodka. Il nazista vendicativo oggi è uno dei 485 avvocati di Berlusconi.

Il secchione

Forse ancora più insopportabile, se possibile, delle categorie precedenti, il secchione, similmente al nazista, usa le chat per via del suo inconfessato desiderio di rivalsa nei confronti di un mondo iniquo; lo fa però in modo più subdolo, cioè sfracellando i maroni a tutti i presenti con il suo futile e irritante blaterare su qualunque cazzata. Vuoi parlare dei film di Lars Von Trier? Il secchione vanterà di saperne molto di più di te. Vuoi dire la tua sulle ultime notizie? Il commento sarcastico del secchione coprirà il tuo. Il secchione oggi è professore del liceo o sottosegretario del PD.

Lo stronzo

Vai in chat per conoscere appassionati di Resident Evil? O forse con la malcelata speranza di avere un dialogo con creature di supposto sesso femminile che non siano tua madre o la tua insegnante di pianoforte? Sei lì solo perché non hai niente di meglio da fare e vuoi svagarti un po'? Quale che sia il tuo obiettivo, lo stronzo lo renderà impossibile, screditandoti, infastidendoti, distraendoti o spammando puttanate col suo script maledetto. Oggi lo stronzo è dirigente in Trenitalia.

Il pervertito

Beh, sì, si tratta del più coriaceo e forse più "naturale" tra i frequentatori della chat, anche perché è l'unico che alla fine è rimasto. Il pervertito è quello che ti contatta in privato un microsecondo dopo il tuo ingresso in chat chiedendoti se sei una quindicenne vogliosa di Catanzaro oppure, senza tanti convenevoli, inviando direttamente la foto del suo pene e chiedendoti tutt'al più una valutazione da 1 a 10. Il pervertito è in carcere oppure non è cambiato di una virgola.

La ragazza

Non esiste, o se esiste sembra un incrocio tra Rosy Bindi e Jabba the Hutt. La ragazza oggi continua a non esistere oppure lavora nell'equo-solidale.

MSN - Il social web prima che diventasse mainstream

Il passaggio da "l'internet di una volta" (portali, siti statici, forum, chat) e "l'internet di oggi" (social network e tutto quello che gira intorno) è stato alquanto pittoresco, anche se non ci terrei particolarmente a riviverlo. Da terreno di caccia per nerd e maniaci sessuali, com'è che internet è diventato il regno della *ggente*, con tua prozia che ci passa più tempo di te? Certo, per via di Facebook. Eppure, il passaggio non è stato così netto: a preparare il terreno non è stato né Myspace, che non si è cagato mai davvero nessuno a parte i PR e i gruppi sfigati, né Second Life o altre corbellerie che oggi trovate solo su qualche vetusto manuale di sociologia che un professore non molto aggiornato o sadico vi chiede per la tesi. È invece stato quel programmino con l'omino verde che ci ha fatto compagnia per anni sul nostro Windows XP, con la sua epoca d'oro tra il 2005 e il 2009. Sto ovviamente parlando di Messenger o, come è impropriamente ma più comunemente rimasto nell'immaginario comune, MSN.

Io non ero nuovo a servizi di messaggistica istantanea, usavo già da tempo ICQ per aggiornarmi con i miei soci conosciuti su forum di videogiochi o da altri ameni angoli dell'internet. Immaginate però la mia reazione quando *in real life* mi accorsi che la gente non si scambiava più il numero del cellulare, ma il contatto di MSN: da un lato pensavo "Ehi, figata, le persone normali stanno entrando nel mio mondo!", dall'altro avevo già il sospetto che qualcosa su internet sarebbe cambiato per sempre. E non necessariamente nella direzione giusta.

Poi, le cazzo di chat di gruppo. Eravamo ancora lontani dall'epoca di smartphone e Whatsapp, ma passavo comunque buona parte del mio abbondante tempo libero davanti al pc. Occasionalmente, anche per fare qualcosa di produttivo. Ma ogni sforzo era vano, visto che, anche disattivando l'audio, la barra in basso lampeggiava continuamente, e non ero ancora abbastanza menefreghista (per necessità) da ignorare qualunque conversazione fino a un momento prestabilito della giornata. E poi trilli, faccine più o meno fastidiose, gente che usava caratteri indecenti, spam e quant'altro. Insomma: la fiera del bimbominkia, questa era MSN. Come se ciò non bastasse, era anche il tempo degli *Space*, i blog integrati a ogni profilo in cui davi sfogo con la scrittura alle tue paturnie post-adolescenziali. Gli stalker su Facebook cosa credono di aver inventato? Tra aggiornamenti di stato e nuovi post, potevi già farti amabilmente i cazzi degli altri. Caso vuole che io invece usassi lo Space più che altro per pubblicare le immagini nonsense che trovavo su 4chan (dopo opportuni filtri, si intende), ma non è ancora arrivato il momento per parlarne…

Quindi: si stava meglio quando si stava peggio? Boh, forse. Fatto sta che Messenger, progressivamente abbandonato dal 2010 in poi e definitivamente inglobato da Skype nel 2013, rimarrà con ogni probabilità nei ricordi di una generazione che lo ha usato per i primi maldestri approcci virtuali e altre amenità. Ma i trilli, col cavolo che li rimpiango.

Un viaggio tra alla fauna dei social network

Ok, siamo già arrivati a questo punto. Sì, ammettiamolo, che ci piacciano o no, non possiamo più fare a meno dei social network nella nostra vita pubblica, privata, professionale e quant'altro. Ormai è cosa assodata. Tuttavia, non tutti i social network sono uguali. Le differenze? Più che la struttura, che alla fine è sempre simile, le fanno in realtà le tipologie di persone (o, meglio, casi umani) che li popolano. Se avete avuto il cattivo gusto di comprare il libro, immagino che abbiate già un'idea di quello che vi aspetta, ma un ripassino può sempre far comodo…

Facebook
Un giorno nell'ormai lontano 2004, due studenti ebrei di Harvard non avevano di meglio da fare che creare un sito dove gli studenti potessero contattarsi con il malcelato scopo di rimediare una scopata, senza passare dai soliti riti social del bar e della discoteca (si vede che avevano a cuore il risparmio… ehi, il collegamento l'avete fatto voi, non io!). Cinque anni dopo, più o meno tutti gli stronzi possedevano un account su Facebook e lo usavano per stalkerare gli/le ex, infastidire il prossimo con notifiche irrilevanti e farsi in generale i cazzi altrui, talvolta anche in senso letterale. Ebbene, a 6-7 anni da quel primo *boom*, il dominio di quel sitarello per studenti fancazzisti sul lato "social" di internet è tuttora incontrastato e i record di utenti iscritti e accessi giornalieri si stracciano ogni mese, mentre le tasche di un certo ex-harvardiano si gonfiano come le labbra di Valeria Marini. Descrivere gli utenti di Facebook è superfluo, perché tutti sono su Facebook, persino chi non vi è iscritto: è la cazzutissima trasposizione virtuale del mondo là fuori. E il mondo la fuori, come sappiamo, è pieno di merda, con qualche gemma qua e là. Proprio come Facebook.

Twitter
L'idea dietro al social dell'uccellino è tra quelle che a posteriori sembravano troiate incredibili, invece si sono rivelate assolutamente geniali: un social network minimalista basato su messaggi di 160 caratteri, come gli SMS. Nient'altro. Il tempismo (la diffusione dei primi

smartphone era alle porte) e una serie di trovate di marketing particolarmente azzeccate hanno reso Twitter *cool*, e quando l'hanno iniziato a usare le celebrità, prima gli smanettoni, poi gli stalker e quindi la plebe hanno seguito il passo. La *brevitas* ha reso Twitter unico anche nei "linguaggi", visto che pratiche come il retweet e gli stessi hashtag sono nati dal basso e solo più avanti "istituzionalizzati". Ecco, il problema che Twitter ha nel 2016 è questo: chi lo voleva provare lo ha già fatto, alcuni lo amano, altri lo odiano, ma soprattutto tanti si stanno gradualmente stufando, visto che da anni non viene aggiunta nessuna funzione nuova che non siano pubblicità sempre più invadenti o plagi da Facebook. Detto questo, se ci prendete la mano, resta ancora difficile fare a meno di Twitter.

Linkedin
La leggenda narra che iscriversi e usare Linkedin serva per *trovare lavoro*. AHAHAHAHAHAHAH. Certo. AHAHAHAHAHAHAHAH. Pare comunque che, per chi il lavoro lo ha già, Linkedin sia molto utile per conoscere clienti, coltivare relazioni, *fare networking*, che non si capisce bene cosa voglia dire ma fa molto figo da dire davanti al terzo Negroni Sbagliato. Ebbene, probabilmente il suo uso nelle nazioni digitalmente evolute è proprio questo. In Italia, a parte gli illusi che pensano di poterlo usare per trovare lavoro, che almeno fanno ridere, Linkedin è per il 99,9% spam. Il quale, essendo generato da "professionisti del marketing e della comunicazione", è particolarmente subdolo e fastidioso. Lo so perché una delle mie fonti di sostentamento, dietro le etichette, è spammare roba su Linkedin. *"Non mi giudicate, siete come me..."* (cit.)

Instagram
Curioso che un'app per hipster che volevano mettere un filtro per far sembrare meno (o più) schifose le foto fatte con l'iPhone sia diventato dopo un paio d'anni il social network più chiacchierato del momento. Il motivo? Beh, è fatto apposta per essere usato con lo smartphone, e quindi ha cavalcato una moda. Poi hanno iniziato a usarlo i VIP e le zozzone per mettere le foto delle vacanze al mare, e quindi la plebaglia ha seguito a ruota. Come tutti gli altri social network, Instagram può fare più o meno schifo a seconda di chi segui, senz'altro qui più che altrove è difficile evitare bimbominkiate e hipsterismi vari. Però si beccano un sacco di like e quindi ai narcisisti piace, e chi non è un po' narcisista?

Pinterest

Secondo i vari blogger e sedicenti esperti di social media, Pinterest nei primi mesi del 2012 sembrava la cosa più figa sul Pianeta Terra dai tempi dei festini di Gesù a base di acqua trasformata in vino. Considerato che l'idea di un social network basato tutto sulle immagini mi sembrava *relevant to my interests*, sono stato tra gli *early adopters* italiani. Inizialmente pensavo che trovare solo torte e cagnolini fosse un problema congiunturale, dovuto al fatto che non avevo ancora costruito un mio network. Poi ho scoperto che Pinterest di fatto veniva, viene e con ogni probabilità verrà usato in gran parte da donne dai 25 ai 45 anni. "Fantastico, allora è perfetto per cuccare", direte voi. Mmh, non funziona così. Provate voi a fare i marpioni in un posto dove si condividono SOLO immagini pucciose, carine o comunque di caratura femminista (un mio ecard caricato per caso, vagamente ironico verso gli uomini sposati, è diventato virale con oltre 600 condivisioni, tutte di donne potenzialmente psicopatiche che spammano a raffica foto di pasticcini e chalet sul lago). Se non siete donne dai 25 ai 45 anni, omosessuali o psicopatici, tenetevi alla larga da Pinterest.

Google +

Di fatto, il suo pubblico è l'estremo opposto rispetto a quello di Pinterest: maschio, nerd o comunque *tech-savvy*. Questo perché, quando è stato lanciato, ci si aspettava che la gente di tutto il mondo facesse la fila per iscriversi; sai com'è, un social network della *Big G* sembrava meglio del sesso a tre con due gemelle giapponesi. Di fatto, si sono iscritti i dipendenti di Google, i soliti smanettoni, o gente che non trovandoci la zia e i cugini come su Facebook non ha capito bene cosa farsene. Quindi dopo già qualche mese sono rimasti solo gli smanettoni, e pochi pure di quelli. L'unica killer-application che rende sensato mantenere un profilo su G+ sono gli Hangouts, usati come videochat di gruppo per burloni o pervertiti di vario tipo (social network d'elite sì, ma siamo pur sempre su internet).

Tumblr

Dal momento che di fatto è un feedblog, e, come ben dovreste sapere, il 98% dei blog fa schifissimo, Tumblr ha una pessima reputazione. E a ben vedere: i contenuti tipici sono hipsterate abominevoli e meme vecchi come il cucco. Dal momento però che si basa tutto sul news feed, scegliere con attenzione i blog giusti da seguire può trasformare Tumblr in un aggregatore di immagini e gif basato sui propri interessi, e quindi potenzialmente interessante. Ma state comunque attenti in quanto è quasi impossibile evitare le citazioni di film orrendi. Nota positiva (o negativa, se siete ciellini): è pieno di porno.

Youtube

Ecco, mi tocca ammetterlo: a parte qualche video demenziale e le playlist musicali, non è che segua granché il Tubo. Quando ogni tanto scatta la polemica online relativa alle cazzate del youtuber del momento, è più probabile che il nome sia noto a mia nipote di dieci anni che a me. Non so, non mi ci sono mai trovato granché, forse è una questione generazionale, le volte che mi sono sforzato di seguire il tale canale o l'altro mi è sembrato che tutti straparlassero per fare i fenomeni, ma alla fine si trattasse sempre delle solite quattro menate. Quindi, scusatemi se glisso un po' sull'argomento, comunque Youtube è popolarissimo tra gamer, burloni e ragazzini che credono di sapere come va il mondo.

Reddit e 9GAG

LE LE LE LE LE LE LE LE LE LE LE LE LE LE LE LE LE LE LE LE LE LE LE LE LE LE LE LE LE LE LE LE LE LE LE LE LE LE LE LE LE LE. Ogni tanto i *Redditors* tirano fuori delle immagini divertenti, ma il 95% è roba nata altrove che però su questi siti ottiene più diffusione. Ah, c'è un bel po' di uso improprio dei meme, rage comics orrendi e in generale molte opinioni politiche da quattro soldi e molti tredicenni. A questo punto, si fa prima a usare Facebook.

Snapchat

Oh, chiamatemi pure vecchio rincoglionito, ma io Snapchat non lo capisco. Intanto, è assolutamente anti-intuitivo da usare, non capisco come fare ad aggiungere la gente ed è tanto pesante che mi impalla continuamente lo smartphone. E poi, scusate, che è sta storia delle foto che si cancellano? Già mal digerisco il fatto che su Instagram non si possano condividere e salvare le foto senza fare dei giri astrusi, ma qui davvero si esagera. Non ho neanche compreso tutta sta moda del *sexting*: come si fa a farlo con immagini che spariscono dopo dieci secondi? Si vede che gli adolescenti di oggi sono molto più veloci a farsi le… ok, è arrivato il momento di cambiare argomento.

Badoo

Per gli *early-adopters*, Badoo è stato una sorta di pre-Facebook, dove, ai tempi d'oro di Msn, mettevi le tue foto meno orrende con la speranza che qualcuna/o ti notasse e ti sollazzavi con le foto sexy caricate da zoccole professioniste o per hobby. Similmente a Netlog (il quale però, purtroppo o per fortuna, è stato completamente fagocitato da Facebook), era strapieno di minorenni. Oggi non se ne sente quasi più parlare, solo che, cosa che mi ha suscitato parecchia perplessità, in Italia nel 2011 era il primo social network più usato dopo l'ovvio FB secondo l'esperto Vincenzo Cosenza. Incuriosito da questo dato per me sorprendente, riesumo il mio vecchio account, di cui per caso ricordo la password. E scopro il motivo della popolarità di Badoo: zoccole e coglionotti di ogni genere a fiumi. A quanto pare, Badoo funziona ancora per trombare. Ma, mi dicono fonti attendibili, è molto più probabile incontrare personaggi loschi di varia natura, morti di figa patologici, profili femminili o maschili che puzzano di fake da un miglio. Meh, non bastava già Facebook per questo?

Foursquare
Si tratta di un social network parassitario, in quanto viene usato insieme a Facebook o a Twitter per far sapere ai nostri amici in quali posti fighissimi stiamo facendo i *paxxerelli*. Da quando esistono i geotag, la vita è molto più facile per i topi d'appartamento. L'altro elemento che in teoria dovrebbe dare senso a Foursquare è la *gamification*, che di fatto consiste nell'accumulare punti facendo geotag a caso e nel diventare *sindaci* dei locali se siamo quelli con più login effettuati in quel posto. Non credo sia necessario spiegarvi quanto bisogna essere sfigati per fare a gara per qualcosa di così patetico, ma pare che i Foursquare-addicted prendano sta cosa molto sul serio. Il che dice già tutto.

Myspace
Esiste ancora? Boh. La desolazione di Myspace di oggi fa ridere, e pure un po' riflettere, considerato che nel 2006-2007 sembrava destinato a diventare quello che poi è diventato Facebook. Forse c'è rimasto qualche gruppo sfigatissimo che cerca di autopromuoversi e qualche PR sprovveduto (quelli che avevano reso la fruizione di Myspace alquanto irritante contribuendone al fallimento, del resto).

Tinder
Non so se si possa considerare un social network… sicuramente è parecchio usato. E ci credo, chi è che non ha voglia di pucciare il biscottino? Dal momento che non ho esperienza diretta (vaglielo a spiegare tu alla mia donna se mi sgama ad aver installato l'app che si trattava di un esperimento sociale), non saprei bene presentarlo se non come… beh, un modo per connettere gente che vuole scopare. Grindr, a quanto ne so, è la sua controparte specifica per i gay, e Brenda per le

lelle. Anche in questi casi, se la mia dolce metà me le avesse sgamate, avrei rischiato una discreta dose di sberle.

Youtube secondo Dellimellow

Come vi avevo accennato, in realtà non è che ne sappia così tanto del Tubo, tolte le cose più ovvie come Richard Benson, Italian Spiderman e i video di ciclisti anglo-kenyoti che bestemmiano in italiano. Per colmare questa lacuna, mi affido pertanto alle parole di uno dei pochi Youtuber che seguo e di cui ho stima: Dellimellow.

D: La domanda banale te la devo fare subito: quando hai cominciato a pubblicare video, avresti pensato di diventare così seguito?

Onestamente credevo che avrei avuto tanto seguito ma credevo anche di arrivare a saturazione ad un certo punto, quindi di fermarmi intorno ai ventimila iscritti, ma evidentemente il mio talento ha superato di gran lunga la mia ambizione.

D: Così di getto, cita tre nomi di Youtuber italiani magari non molto noti che apprezzi, e tre che invece farebbero meglio a darsi all'ippica.

Suggerirei di seguire Rik DuFer (che parla di filosofia), BOB (che parla di cibo, viaggi e comunicazione visiva) e Historical Eye (che parla di storia).

Tre Youtuber che dovrebbero darsi all'ippica sono sicuramente Sofia Viscardi, Sodin e Gabbo.

D: A proposito, la comunità degli Youtuber italiani spesso si fa notare per le continue frecciatine, se non proprio video di aperta critica tra un tale e l'altro. Tu stesso pubblichi di frequente video simili: lo fai più per il gusto della polemica e perché ti piace farlo o a volte è un modo per ottenere visualizzazioni facili?

Per me è un divertimento parlare delle cose che m'interessano, poi il bello è che se chi li ascolta è una persona intelligente sono anche utili al miglioramento della piattaforma, le views sono un dato che interessa più agli spettatori che a me.

D: Avere una certa presenza online è fico ma porta anche a scocciature, lo so bene. Hai qualche aneddoto su stalker o comunque persone che ti hanno importunato privatamente?

Quanto feci il video su Gabbo e lui mi rispose dalla sua pagina ricevetti migliaia di commenti di scimmie ammaestrate di 8-10 anni, a quel punto impostai una risposta predefinita che era una minaccia di denuncia se non si fossero scusati immediatamente, ricevetti migliaia di scuse in poche ore.

D: Anche l'ultima domanda è per forza banale: che consigli daresti a un aspirante Youtuber?

Di non aprire un canale Youtube che tanto fallirà brutalmente e non diventerà mai né ricco né famoso, nel caso poi il primo consiglio non fosse ascoltato il suggerimento è quello di aprire un canale di nicchia, una cosa per pochissime persone, è l'unico modo oggi di avere un canale con un certo seguito.

I commentatori seriali: chi sono e che problemi hanno

Come già visto, i veri protagonisti delle community online, anche nelle forme più "aziendali" promosse recentemente dai social network, restano comunque gli utenti. Buona parte del divertimento di una pagina Facebook deriva dalle reazioni del "pubblico", come testimonia il successo di "Commenti Memorabili" (anche se, come tutte le mode, ha già rotto le palle); non parliamo poi dei quotidiani online: spesso non leggo neanche più gli articoli, ma vado subito a vedere le (poche) reazioni intelligenti e le (molte) bestialità espresse nei commenti. Siccome Barthes mi ha insegnato che il modo migliore per analizzare un argomento apparentemente caotico è partire dagli stereotipi, mi sono divertito a fare una lista dei *commentatori tipo* di una pagina Facebook, che può andare bene per qualunque community online, in fondo i post sui social network non sono così semanticamente diversi tra loro, né rispetto all'inizio di un thread su un forum.

Cercherò di evitare l'abuso di termini troppo inflazionati come *newfag, bimbominchia o moralista*, individuando bensì altri pattern comportamentali più specifici. Qualunque riferimento a persone esistenti e fatti realmente accaduti è da considerarsi puramente casuale (o anche no).

L'entusiasta

Dissemina like a qualunque contenuto postato dagli admin, ne padroneggia il lessico e le espressioni arrivando persino ad imitarle in qualunque contesto (non sempre con efficacia), assimila gusti ed orientamenti politici e sessuali a somiglianza di quelli degli amministratori, partecipa con passione a qualunque attività venga proposta, non solo clicca sui banner del sito ma manifesta la sua buona volontà acquistando anche creme per il corpo e biglietti aerei per la Siria, se suggeriti. *Aspetti negativi*: poca capacità critica che spesso lo porta a finire trollato o a passare serate con snack confezionati e Pornhub.

La groupie

Simile all'*entusiasta*, ma di sesso femminile (o supposto tale), manifesta la propria esuberanza nei confronti degli amministratori o degli stessi fan della pagina insultando crudelmente ogni presunto contestatore e esplicitando il proprio amore, di natura platonica o no, verso gli admin con esclamazioni più o meno esplicite. Conscia del potere di attrarre l'attenzione verso di sé dovuto al mero possesso di una vagina in un contesto popolato prevalentemente da nerd brufolosi in evidente difficoltà con il sesso opposto, tende spesso ad approfittarne pensando che sia utile raccontare sulla pagina di quello che ha appena mangiato o pubblicando foto dei propri gatti. *Aspetti negativi*: se ti va bene è solo un po' rompipalle, se ti va male è una psicopatica.

Il brillante

Come le due categorie sopra citate tende a esprimere forte interesse nei confronti della pagina e a manifestare spesso e volentieri la sua presenza con commenti e contributi di vario tipo, ma si distingue da essi per un certo snobismo che lo porta spesso ad assumere posizioni di velata critica o di aperta ironia nei confronti degli amministratori. Tende spesso a ritagliarsi come personaggio sagace ma irritante, con comportamenti volutamente esagerati e sovente tendenti all'hipsterismo fine a sé stesso. *Aspetti negativi:* si ricorda di un tuo refuso o di una tua affermazione discutibile di mesi fa e te la fa pesare ogni volta che gli è possibile.

L'elitista

Figura che richiama per diversi aspetti il "brillante", ma in versione, diciamo, più esplicita e clamorosa. Commenta spesso, ma passa molto più tempo a deridere gli altri fan e a fare frecciatine agli amministratori che a conferire un valore di qualche tipo alla pagina. Appartiene a qualche frangia di pensiero o di comportamento (es: vegano, ateo, estremista politico, assicuratore, ingegnere, omosessuale) e non perde mai occasione per farlo notare, facendo valere la propria superiorità nei confronti degli altri comuni fan della pagina. *Aspetti negativi*: non è abbastanza ingenuo da farsi trollare ed è tra quelle figure che passano circa 18 ore al giorno online, rendendo così alquanto impegnativo domarli in una polemica, se non altro perché non mollano fino a quando lasci loro l'ultima parola.

Il contestatore

Se le due categorie sopra citate sono comunque tendenzialmente benevole nei confronti dell'andamento generale della pagina ed arrivano persino a riconoscere i meriti degli amministratori in talune circostanze, il contestatore invece non ti mette un like neanche per sbaglio, non ti darà mai ragione neanche se è in torto marcio, scrive cattiverie e polemiche contro di te ogni volta che ne ha l'occasione, insulta i fan, ti sbeffeggia, ti sorpassa a destra in autostrada e viene pure a cagarti sull'uscio e a volerla poi indietro. Non si capisce bene per quale motivo partecipi tanto a una pagina che pare stargli così sulle palle. *Aspetti negativi:* quando inquadri un contestatore, aspetti di solito che faccia un passo falso per sputtanarlo, oppure che la faccia veramente grossa per giustificare un ban. Il bastardo però questo lo sa benissimo, e coglierlo in flagrante diventa veramente difficile.

L'ubernerd

Attirato dalla gran quantità di nerdate generate dalla pagina, l'ubernerd tende a prendere la propria posizione un po' troppo seriamente, esprimendosi solo e soltando tramite meme o espressioni tipiche del *chanspeak. Aspetti negativi:* per lui tutto è un *repost* e non manca mai di farlo sapere.

L'anglofilo

Spesso reduce da un campo estivo in U.K. o recente scopritore di 4chan, l'anglofilo tende non soltanto ad esprimersi attraverso frasi fatte e meme (spesso in modo scorretto), ma a creare *caption* tendenti al maccheronicismo più ostentato e a commentare sempre e solo in inglese (e quasi sempre con errori basilari di ortografia). *Aspetti negativi:* l'anglofilo, nelle sue manifestazioni più irritanti, traduce cinofallicamente le scritte in inglese delle immagini, non si sa bene per quale motivo.

Il deluso

Millantando di frequentare la pagina dai tempi in cui i neri si dovevano sedere nel retro degli autobus, il deluso non perde mai l'occasione per denunciare un supposto calo qualitativo, una degenerazione degli admin, un rimpianto nostalgico verso un passato aureo dove la qualità dei contenuti, a quanto dice lui, era molto meglio di adesso. *Aspetti negativi:* spesso e volentieri nega l'evidenza e manifesta una conoscenza assai approssimativa della pagina di cui rimpiange il passato, dichiarando ad esempio di frequentarla da prima ancora che fosse fondata.

Il tragico multiverso della messaggistica istantanea

Dovete sapere una cosa: il tempismo non è il mio forte. Agli albori della diffusione di Whatsapp e programmi similari, parallelamente agli smartphone low-cost e a contratti telefonici più convenienti, mi dissi: vabbè, ma per sta roba non esistevano già gli SMS? Non mi resi conto invece di che cosa avrebbero davvero rappresentato: un nuovo MSN accessibile dal telefonino, e quindi ovunque.

Quando iniziai a intrattenere conversazioni deliranti a caso o ad essere aggiunto a chat di gruppo più o meno imbarazzanti, Whatsapp mi sembrava piuttosto figo: una moda interessante, probabilmente destinata a durare poco. Non mi accorsi invece che tutto ciò rappresentava un nuovo standard: se tutti hanno uno smartphone, e tutti hanno Whatsapp, siamo tutti potenzialmente connessi, in qualsiasi momento, e da qui non si torna indietro.

Ai tempi, inoltre, non mi resi conto di un altro aspetto del fenomeno Whatsapp: che non era semplicemente MSN per cellulari, visto che MSN era usato solo da chi passava un sacco di tempo a cazzeggiare al pc, quindi più che altro adolescenti o universitari. Non è solo una questione di numeri più grandi, di maggiore portata. Il dramma è un altro: come Facebook, Whatsapp ha tutti i numeri per diventare il regno di persone che non sono abituate a comunicare su internet. Per dirla in modo più prosaico: *adultiminkia!*

Cosa significa tutto ciò? Che anche un personaggio non proprio noto per la sua socievolezza e per l'attitudine alla chiacchiera come il sottoscritto è costantemente bombardato da messaggi vocali (moda che proprio non riesco a concepire. Se mi devi dire una cosa urgente, chiamami. Se non lo è, scrivimela. Se è una puttanata, risparmiati la fatica), le peggiori catene (ragazzi, siamo anche nel 2016. Ma per davvero fate ancora girare le solite troiate?), faccine a caso (fossero almeno belle...), immagini "divertenti" (solo per chi le manda), gossip su persone che non vedo da nove anni (e ci sarà pure un motivo), foto/video porno (niente in contrario, sia chiaro, ma solo nelle situazioni opportune, e magari non quando controllo un attimo il cellulare sul bus con una vecchina di fianco) e quant'altro.

Parliamo poi dei gruppi. Sì, c'erano già sul mio amato MSN, ma ci si metteva d'accordo per trovarsi alla tot ora e poi basta, non rimanevano attivi continuamente. In teoria, mettere in contatto compagnie di amici per organizzarsi sugli appuntamenti, compagni di studio per girarsi le soluzioni ai compiti, vecchi compari per aggiornarsi sulle rispettive tristi esistenze, colleghi di lavoro per scambiarsi informazioni importanti ecc, può avere anche un senso, non dico di no.

Il problema è che, è matematico, in ogni gruppo c'è almeno una persona che non si rende conto di non essere divertente con le sue battutine in stile Zoo di 105, oppure può anche essere simpaticissima ma no, ne facciamo volentieri a meno di leggere le sue stronzate 24 ore su 24.

Ora, magari sono io che ho conoscenti particolarmente irritanti, ma sta di fatto che se volete che vi risponda rapidamente fate prima a scrivermi su Facebook o a mandarmi una mail che su Whatsapp, perché sapendo di trovarci al 90% delle puttanate che non mi interessano o ho già visto su internet dieci anni fa, ci accedo solo nei momenti in cui ho veramente voglia di perdere tempo.

Detto questo, sì, la messaggistica istantanea ha la sua utilità e, tutto considerato, non se ne può più fare a meno, nonostante tutte le perdite di tempo e di fiducia nel genere umano che comporta. Come i social network, del resto.

Bonus Stage: Tabboz Simulator e la gloriosa epoca dei giochini di merda

Chi non ha vissuto di persona la gloriosa (?!) epoca dell'internet a 56kbit, non se la può proprio immaginare. Erano tempi in cui aspettavi con diligenza che il modem finisse di gracchiare per passare poi minuti tra un caricamento e l'altro, in cui ti salvavi le pagine per la modalità online o copia-incollavi i testi da leggere su un file word, robe oggi impensabili. Dei filmati non se ne parlava neanche, ma pure se volevi dei giochetti o degli mp3 dovevi comunque aspettare un sacco di tempo per finire il download che se no Internet Explorer (mica c'erano browser da fighetti come Firefox o Chrome!) non ti caricava niente, anche se erano stronzatine da un mega. Una di queste "stronzatine", divenuta poi un culto per i fancazzisti dell'epoca, è Tabboz Simulator.

L'iconografia tabboziana era drammaticamente suburbana e *late nineties*, perfetta per essere compressa in un file facile da scaricare e senza troppi fronzoli, ma pregno di contenuti. Il succo è questo: sei un tabbozzo (o tamarro, o truzzo, o tauro… ci siamo capiti, insomma) e devi vivere con successo la tua vita da teppistello di periferia. I parametri da alzare sono reputazione, figosità (sic), stato dello scooter e profitto scolastico (quest'ultimo, prevedibilmente, il più trascurato). Reputazione e figosità ci servono per venire rispettato dalla compagnia e per agganciare una bella tipa; per alzarli, occorrono telefonini, vestiti veramente zarri, ricariche del cellulare (a quei tempi non c'erano promozioni), lampade e, soprattutto, uno scooter performante e opportunamente truccato. E per tutte ste robe, come nella triste vita reale, servono soldi.

E qui arriva forse la parte più divertente di Tabboz Simulator: per poter venire assunto e quindi guadagnare denaro, devi compilare dei questionari demenziali, che non vi cito perché meritano di essere scoperti per conto vostro. Il problema è che spesso prima di ricevere lo stipendio mensile vieni licenziato a caso (se ne sbattevano dell'articolo 18, deve averci giocato anche Renzi prima dei campi scout), e anche quando ti va bene e riesci a comprarti lo scooter, fondamentale per uscire con la tipa e fare i garini con la compagnia, ti schianti continuamente e non hai più soldi per ripararlo. La reputazione guadagnata uscendo con gli amici la si perde venendo continuamente pestati a sangue dai metallari, e la figosità la ottieni facendoti le lampade, ma se esageri ti carbonizzi la faccia. Prima di trovare la tipa devi ricevere un sacco di due di picche, e per non farti mollare devi chiamarla continuamente, consumando in un niente il credito del telefonino. Insomma, dura la vita del tamarro…

Il successo di Tabboz Simulator nei primissimi anni '2000, onnipresente su siti come Bastardidentro e in ogni aula informatica di scuola che si rispetti, diede vita a tutta una serie di spin off, come Tascio Simulator, Real life of Metal, Magnaccia Manager e quant'altro, magari più elaborati a livello di funzioni e grafica, visto che dopo un'oretta di gioco distratto non è che l'originale avesse più granché da offrire, e il look non è certo il suo forte. Cionostante, nessuno ha ripetuto il successo di Tabboz, che era dovuto all'assoluta rottura con gli standard dell'epoca: grafica grezzissima, contenuti grotteschi, linguaggio che parodizza quello dei tamarri di periferia. Sono elementi che funzionano solo una volta. Degno erede di Tabboz Simulator può essere a modo suo considerato Grezzo 2 (nomen omen), a sua volta figlio del suo tempo, ma quella è un'altra storia.

Se proprio ci tenete a scoprire o a rigiocare Tabboz Simulator, si trova ancora su diversi siti con grafica rigorosamente 1.0, se non proprio 0.1, basta che fate una ricerchina. Ma ho paura che oggi non sia proprio la stessa cosa. Anche se fare pestare il proprio tabbozzo da un metallaro in via Lorenteggio è sempre una bella soddisfazione.

II – DAL CAZZEGGIO AL SERIOUS BUSINESS

Introduzione: si stava peggio quando si stava meglio?

Sì, in origine, internet era usato come mezzo di comunicazione per le alte cariche militari e i professori universitari. Poi qualcosa è andato terribilmente storto, o terribilmente dritto, e siamo passati a usarlo per guardare gif animate di Dragon Ball e discutere su quale scheda video sia più cazzuta. Poi è arrivato un certo social network bianco e blu, che ha trasformato internet da una nicchia di dissociati alla piazza di paese, quella che sistematicamente cerchiamo di evitare per non incontrare qualche rompicoglioni.

Ma, diamo a Cesare quel che è di Cesare, non è che senza Mark Zuckerberg nulla di tutto questo sarebbe successo. Il suo grande merito è stato quello di lanciare un'idea già all'epoca poco originale – esistevano già numerosi social network – con un tempismo da fuoriclasse: quando per un motivo o per l'altro la maggior parte della gente era già su internet, c'era bisogno di un servizio per poter guardare le foto in spiaggia delle ex compagne di classe o per vantarsi dei propri successi da quattro soldi con gli amici, e Facebook in quel momento era pronto per sfruttare il boom e salutare con la manina vari altri siti più o meno fallimentari, tra cui Myspace e Second Life.

Poi nel 2010 sono arrivati gli smartphone, e dopo qualche diffidenza iniziale si è capito che Steve Jobs non era solo un paraculo ma che l'aveva imbroccata giusta: quello era il momento giusto per avere un computer in tasca e per renderci ancora più alienati dalla società. Cinque anni dopo, non riusciamo più a far una cazzo di colazione senza che qualcuno faccia una foto e la carichi su Instagram. Ah, i prodigi della tecnologia!

Ora, dopo la famosa bolla delle dot-com nel 2001, su internet si fanno di nuovo un sacco di soldi e siamo tutti contenti che i nostri dati personali siano continuamente venduti per diaboliche campagne marketing, perché abbiamo capito che tanto in qualche modo devono pure mettercelo in quel posto e allora tanto vale prenderci gusto.

Ci si chiede però se le cose continueranno ad andare così. Certo, ci saranno nuove mode, nuovi casi, crescite (presumibilmente di Instagram) e cali (presumibilmente di Twitter), ma quanto dovremo aspettare per la *next big thing*? E soprattutto, in cosa consisterà? Realtà virtuale? Intelligenza artificiale? Sti famosi Big Data con cui continuano a menarcela? Sesso olografico con personaggi dei cartoni animati? Siti dove scambiarsi foto di piedi? Generatori automatici di frasi brillanti da riproporre all'aperitivo?

Mah, non ho tempo per pensarci, devo controllare tutte queste notifiche... oh cacchio, qualcuno mi ha scritto "grazie per l'amicizia" sulla bacheca! Devo rimuovere subito prima che mi prendano tutti per il culo!

Il glorioso web 1.0 italiano: Bastardidentro, Bruzzi e altre robacce che preferivi dimenticare

Premessa: il web italiano di oggi è rappresentato in massima parte da presidi aziendali e partitici, VIPpetti televisivi riciclati, startup più o meno fallimentari, camionate di rincoglioniti e qualche raro zuzzurellone. Ma di questo, parleremo poi... andiamo un attimo indietro. Il web italiano diciamo pre-2005... beh, era un po' terra di nessuno. A parte le chat e i forum che ho già citato, i siti più noti erano portali generalisti più o meno orrendi di solito legati ai provider di servizi web, alcuni in qualche modo sopravvissuti come Libero, Virgilio e Kataweb (non mi è chiaro chi siano gli utenti che li fanno rimanere tra i siti più visitati in Italia, ma non mi sono chiare tante altre cose nella vita), altri naufragati nei burrascosi flutti virtuali come Supereva o trasformati in tutt'altra roba come Aruba.

Detto ciò, mi interessa di più indagare i prodromi di un certo tipo di umorismo o di controcultura. Casi rari, ma che all'epoca erano sulla bocca di tutti i ragazzini negli spogliatoi o durante gli intervalli: immaginatevi che sconvolgimento poteva essere la libertà di internet per orde di adolescenti cresciuti con la morale democristiana della tv italiana e al massimo qualche tetta o culo in tarda serata... No, per una serie di questioni che non credo sia necessario esplicitare, in questo libro non parlerò di pornografia. Anche perché sull'internet che fu si trovavano contenuti ancora più sconvolgenti: *le parolacce*. L'umorismo nero. Le battute cattive... eccetera eccetera. In fondo, 4chan non ha inventato poi così tanto, anzi, i powerpoint che fino a poco fa ti intasavano la casella mail e certi tipi di contenuti che girano ancora su Facebook e Whatsapp derivano da un certo numero di questi siti controversi che piacevano a noi ggiovani del 2000. Ne citerei in particolare due.

Bastardidentro
Una specie di "portale" con grafica rozza e contenuti controversi, come i quiz a tema sessuale o orridi giochini in flash dove potevi sparare a Bill Gates, parodie di pessimo gusto in anticipo sulle mode di Youtube tipo

"Tu vo' fà o' talebano" e roba del genere; la vera *killer application* di Bastardidentro era però la newsletter. A cadenza giornaliera, ti arrivavano via mail alcuni resoconti della vita da ventenne debosciato di tale Marco, più qualche battuta e vignetta vagamente sconcia. Pensateci bene: c'è gente che spende migliaia di euro per corsi in cui ti dicono di attuare "strategie di fidelizzazione" e "inbound marketing", cioè la stessa roba che un cazzaro qualunque organizzava con successo quindici anni fa. Bastardidentro esiste ancora nelle inevitabili derive social, ma sembra enormemente più blando e generalista di quel portalaccio che ci sembrava così cinico e sporcaccione nel 2000. Non so se sia in effetti cambiato il sito, oppure a cambiare siamo stati noi.

Bruzzi
Qui si va ancora più indietro. Sempre contenuti trasgressivi, sempre battutacce e sempre grafica retrò, il sito di Bruzzi si distingueva per un umorismo che non era solo grezzo ma anche geniale, parodico e irreverente. Famosi i suoi resoconti di chat in cui si fingeva donna per adescare i maniaci. Ad un certo punto, non saprei ben dire quando, il sito di Bruzzi, passato di moda da un po', è andato offline e il suo proprietario si è eclissato dal web, o almeno è scomparsa l'identità per cui era famoso. Probabilmente suo padre gli ha trovato un lavoro e ha dovuto mettere la testa a posto (all'epoca a nessuno sarebbe venuto in mente di lucrare con il proprio sito di cazzate – sì, erano davvero altri tempi), o ha fatto un viaggio a Goa e si è sputtanato la zucca con gli acidi, o si è candidato per la Camera con l'UDC, non vi so dire.

La nobile arte della trollata

Dalle origini delle comunità online ad oggi, una pratica sociale in particolare è sopravvissuta ai cambiamenti, diffondendosi dai forum e dalle chat ai social network: sto ovviamente parlando del *trolling*. Come già accennato, i *troll* in origine erano gli utenti soliti a comportamenti distruttivi e antisociali, che creavano scompiglio per il gusto di farlo e basta. In realtà, col tempo, l'accezione di *trollata* è diventata molto più generica, e non è raro trovare ragazzini in gita che si fanno lo scherzo della mano dietro la spalla opposta per poi burlare il tapino con "Ti ho trollato!"; da quando, per qualche motivo, i troll vengono percepiti come "fighi", tutti vogliono "trollare", col risultato che si rischia sempre di essere prevedibili o ripetitivi. Tralasciando l'imbastardimento semantico, la storia di internet è piena di queste azioni di disturbo con finalità, almeno apparentemente, del tutto ludiche.

Esistono due tipologie abbastanza distinte di trollata: quella operata da un singolo ai danni di una community, e quella in cui invece è un gruppo anche non omogeneo di utenti che stigmatizza un comportamento giudicato scorretto o sgradevole prendendo in giro il colpevole. Ora, non ho né tempo né voglia di fare un elenco, andatevelo a cercare su Vice o Buzzfeed se volete, preferisco citare due casi, uno per categoria, che ho vissuto in prima persona durante i miei anni di cazzeggio universitario come admin di una nota pagina Facebook e a cui sono in qualche modo affezionato.

Red Ronnie e l'Effetto Pisapia

Tutto nacque da un semplice post pubblicato dal "discografico/talent scout" il 18 maggio 2011, in riferimento alle imminenti elezioni del Sindaco di Milano: "Primo esempio del vento che sta cambiando a Milano: cancellato LiveMi di sabato 21 maggio, in Galleria del Corso. Era l'inizio di LiveMi 2011 (che se vincerà Pisapia sarà cancellato dai progetti del Comune). Dava spazio a gruppi e artisti emergenti che potevano esibirsi con brani propri. In compenso Pisapia sta pensando a un megaconcerto con Jovanotti, Ligabue e Irene Grandi. Per dare voce a chi non ce l'ha".

Di per sè, l'intervento di Red Ronnie non sembra poi così insensato. Ma alcuni utenti hanno fatto notare nei commenti che la cancellazione dell'evento non c'entrava una fava con Pisapia, e che l'ex-conduttore del Roxy Bar era a libro paga dell'altro candidato sindaco di Milano, Letizia Moratti, con un contratto biennale che ha fruttato più di 100k al rosso malpelo. A questo punto, non contento di aver fatto una figura da leccapiedi di prima categoria, RR ha avuto l'arroganza di scrivere un altro post delirante, dando la colpa a un fantomatico "Effetto Pisapia" in grado di cancellare magicamente i concerti.

Vedendo ciò, gli utenti hanno iniziato a perculare il *ginger* con una serie di post demenziali riguardo a presunti crimini commessi da Pisapia. Alcuni admin di Facebook hanno trovato la cosa esilarante e hanno sparso benzina sul fuoco, al punto che per un paio di giorni la pagina di Red Ronnie è stata bombardata da decine di post al minuto. Il caso ha fatto molto scalpore in tutta la galassia facebookiana italiana, ed è arrivato fino ai siti generalisti come il Corriere della Sera.

Anni dopo, molti si ricordano di Red Ronnie più per la figuraccia dell'*Effetto Pisapia* (che poi ha stravinto le elezioni) che per il Roxy Bar.

Skrillex Vs Fabrizio De Andrè

In pochi hanno mai sentito parlare di questa *trollata*, che rimane tuttavia tra i piccoli vanti del sottoscritto. Come ben sapete, in certi loschi ambienti di internet è normale prendersi gioco di tutti e tutti, e dopo un po' ci si stufa pure con le vignette satiriche sui politici e sulla religione. Per caso, stavo riflettendo su quale categoria fosse comunque da considerare intoccabile per la maggior parte delle persone, anche se segretamente disprezzata da alcuni. La risposta fu rivelatoria: *i cantautori italiani*! Precisiamo: non ho niente contro i cantautori, mentre ho invece molte cose contro i *miti* e chi si prende un po' troppo sul serio, spesso con superficialità.

Così, scopiazzando un po' alcune immagini palesemente troll che lodavano Justin Bieber sfottendo i Pink Floyd, ho pensato che potesse essere cosa carina far incazzare la gente con dei paragoni palesemente farlocchi tra un divetto a caso del momento, Skrillex, e un "intoccabile": Fabrizio De Andrè, il più amato dai broccolatori ai falò e da un certo tipo di ragazze alternative che, si dice, tendono a non depilarsi le gambe. L'intenzione era partire da un briciolo di verità su cui calcare pesantemente la mano con insinuazioni del tutto ridicole. Ecco l'immagine:

SKRILLEX	F. DE ANDRE'
- Ricchissimo, fa più di 100mila dollari a serata	- Si finge comunista perchè povero e invidioso
- Ha rivoluzionato la musica e inventato un genere	- Fa canzoni tutte uguale copiate da Battisti e altri vecchiacci
- Affascinante, amato da tutte le donne	- Probabilmente omosessuale perché nessuna se lo caga
- Veste e si pettina con stile	- Veste e si pettina come un barbone
- A 24 anni è una leggenda, entrerà nella storia	- E' morto e lo ascoltano solo le zitelle con le ascelle pelose

Ventiquattr'ore dopo, la foto (non posso più linkarvela perché la pagina originale di IMDI è stata ahimé bannata) ha ricevuto oltre 7000 condivisioni e 2700 commenti, tutti di indignazione e ingiurie all'autore dell'immagine, oltre a numerose altre riproposizioni in altre pagine. All'inizio qualcuno ci provava a smascherare l'inganno e a darmi del troll, ma non c'è stato niente da fare, avevo aperto un Vaso di Pandora; nonostante i contenuti palesemente esagerati è stato il gesto in sè (paragonare il sacro col profano) a far inalberare le belle coscienze. Che ci hanno messo poco a passare dagli insulti a minacce di morte più o meno cruenta all'autore (sì, davvero).
Cos'ho dimostrato con tutto ciò? Non tanto che i fan di De Andrè siano un po' sciocchi, perché sono convinto che la maggior parte dei commentatori incazzati siano quel tipo di persona che conosce due canzoni dell'artista ma lo ritiene un mito perché "fa figo". Piuttosto, l'esperimento dimostra che la maggior parte delle persone non accende il cervello quando è su internet e/o non capisce l'ironia. Beh, forse non c'era bisogno di sforzarsi tanto, dite?

Fare soldi su internet, ovvero mi ha detto mio cuggino che...

Bene, abbiamo visto come col tempo la gente ha provato a usare internet non più per provarci con le sbarbine o per parlare di videogiochi astrusi (o meglio, non solo), ma anche per fare soldi, o più spesso *provare* a fare soldi. Prima ancora della proliferazione di forum di "social media marketing" in cui si vendono le pagine Facebook, degli e-sports in streaming su Twitch, della gente che ti tampina nei messaggi privati per venderti condivisioni, della pervasività degli ads e di altre cose particolarmente sgradevoli, di cazzari che pensarono "Oh, forse con sta roba qui dell'internet riesco pure a portarmi a casa due lire" ce n'erano già, anche prima di Linkedin e della crisi economica. Sitarelli con il pulsantino per la donazione via Paypal. Trader su ebay, o direttamente nei forum. Gente che scambiava le drop rare di alcuni MMORPG per soldi veri. Primordiali sistemi di e-commerce. Truffatori via email... beh, sì, casi molto più isolati e meno pervasivi dell'epoca post-Facebook, in cui internet è diventato davvero *serious business* e non più solo ironicamente.

"Fare soldi su internet" è un po' come provarci con la più figa della classe al liceo: tutti ci abbiamo pensato, i più arditi ci hanno provato, pochissimi hanno portato a casa qualche risultato non del tutto umiliante. Di esempi di community online gestite per hobby che col tempo si sono trasformate in un lavoro vero, pure di successo, ce ne sono numerosi e qualcuno pure in Italia, ma perdonatemi se non mi metto a disquisirne: non è nello spirito del libro, via. Certo, può funzionare, ma chi ha voglia di prendersi *lo sbatti*? Per rimanere in tema di metafore ridanciane, è come quando nel primissimo American Pie Oz spiega che per farcela con una donna basta stare ad ascoltarla per due ore, e Stifler risponde piccato "Ma che palle! Non potrebbero dartela prima?".

Ultimamente sono nate molte più scorciatoie per lucrare sul web: affiliate marketing, partnership con Youtube, blog con Adsense collegati a pagine Facebook un po' grosse, clickbaiting... per citare solo i più famosi. Il fatto è che, se sono robe a portata di tutti... beh, lo stanno già facendo tutti, e ci tocca spartire la torta con orde di liceali di belle speranze o di indiani (nel senso di abitanti dell'India) a cui in fondo basta portare a casa 200 carte al mese per mantenere la famiglia.

Parlare di questo argomento per me è un po' delicato, visto che, dopotutto, state leggendo un libro che avete acquistato (voglio ben sperare…) quindi sì, anch'io *faccio soldi su internet*. Però non lo nego, non truffo nessuno e cerco di rompere le palle il minimo indispensabile con spam e inserzioni. E poi ho una società quindi il mio è un *lavoro vero*: insomma, pago contributi INPS, tasse e commercialista, quindi sono *costretto* a usare internet non tanto per arricchirmi, quanto per sopravvivere. Certo, avrei potuto fare il chirurgo, l'idraulico o il barista, ma in fondo ho trasformato una passione in un lavoro. Che è quello che vuole fare anche chi fa strani magheggi col web marketing, clickbaiting o mostra le pudenda su Cam4, in fondo. Cosa rende alcuni professionisti del web persone per bene e tanti altri dei cazzari? Io credo che sia il fatto di non prendere per il culo la gente. Se comprate un nostro ebook/libro, spendete pochi soldi e sapete bene che cosa vi aspetta (lo sapevate, vero?). Per molti altri, non è così. Ed è un peccato, perché magari un giorno mi scriverà un imprenditore nigeriano che ha veramente due milioni pronti per me, e io lo ignorerò credendo sia spam.

Detto questo, se proprio voleste *provare* a fare soldi su internet anche voi… beh, sapete che cosa vi risponderebbe il Maestro Yoda?

Fare o non fare… non c'è "provare".

A cosa serve Linkedin? A un sacco di roba, a parte trovare lavoro.

Dopo aver studiato che razza di arrampicamenti sugli specchi la gente è disposta a fare pur di guadagnare senza lavorare, parliamo ora del paradiso di questi finti businessman: Linkedin, ovviamente.

Partiamo da un presupposto: l'idea di un corrispettivo di Facebook (in realtà Linkedin è stato lanciato quando Zuckerberg era ancora al liceo, ma son dettagli) per il mondo professionale, dove al posto di foto degli addominali e *duckface* la gente si fa vedere incravattata, e invece di postare foto di gattini pubblica il proprio cv, non è del tutto sbagliata, anzi. Che ci crediate o no, tra le mie mansioni da consulente rientra anche la gestione di alcuni gruppi su Linkedin. Inoltre, quando ho un appuntamento professionale con qualcuno, mi risulta più utile farmi un idea della persona cercandolo su Linkedin piuttosto che su Facebook o Google. Esistono gruppi frequentati da professionisti di settori specifici che non scrivono solo per lamentarsi e/o per autopromuoversi, lasciando spazio a conversazioni interessanti. Tutto ciò non significa che Linkedin non sia pieno di gente assolutamente irritante e/o incompetente, ogni giorno di più.

Fino a poco tempo fa, tra le comunità online, Linkedin poteva venire tranquillamente ignorato e lasciato a coloro per i quali aveva senso, cioè i top manager e i direttori del personale che avevano bisogno di giustificare la propria RAL sopra i 100k con qualcosa che non fosse il Solitario di Windows o il sesso orale con la segretaria, e quindi hanno trovato perfetto per lo scopo un social network che nessuno usava veramente e di cui quindi nessuno capiva veramente qualcosa. Poi un giorno sono successe due cose orribili e connesse tra loro:

- La crisi economica ha portato milioni di giovani e meno giovani a fare almeno finta di dover cercarsi un lavoro, per non sentirsi troppo in colpa mentre usano la pensione della mamma per devastarsi di Negroni il mercoledì sera;
- La gente ha smesso di usare i social network, e internet in generale, solo per cazzeggiare e masturbarsi, e per qualche insana ragione si è messa in testa di voler non solo trovare lavoro

CON i social network, che già è disdicevole, ma di trovare lavoro PER i social network.

Il risultato? Una fiumana di stronzi che mi inviano la richiesta di contatto su Linkedin dopo che li avevo aggiunti su Facebook per avere amici con cui spammarci i regali su Farmville (sì, è una pratica abominevole, ma ci siamo passati un po' tutti dai) o, peggio, dopo averci scambiato tre parole al bar dal terzo spritz in poi. Queste anime candide che sperano di attirare magicamente l'attenzione delle HR di Google una volta arrivati ai cento collegamenti in realtà non sono il vero problema, perché di solito sono troppo in soggezione della seriosità di Linkedin per mettersi a spammare e lo abbandonano appena rinunciano a diventare "Social Media Strategist" o quel che è e tornano a fare i camerieri in nero.

Il problema sono i persistenti, quelli che per qualche motivo prendono Linkedin dannatamente sul serio, tra spam, leccate di culo, discorsi completamente inutili nei gruppi e quant'altro. Senza pretesa di essere esaustivo, ecco una lista puntata, che fa molto *professional*, dei vari comportamenti che ho visto più volte su Linkedin e che compromettono la pazienza di quei quattro sfigati che, come me, lo usano davvero per lavorare.

- Sconosciuti che dopo averti mandato la richiesta di contatto (magari accettata perché sembrava avere un profilo interessante) tentano di imbonirti mettendo il +1 alle tue skill (la diffusione di questi comportamenti rende di fatto completamente inutile scrivere le tue skill, che nessuno le considera più) e ti sommergono la casella inbox di spam che neanche un "imprenditore nigeriano".

- Gente che usa i gruppi come puro spammatoio. Ok, lo so che vi pagano o che siete abbastanza disperati per doverlo fare, chi sono io per giudicarvi, ma se dovete promuovere con un post ogni 30 minuti il vostro blogghettino sulla finanza fatelo in un gruppo dove possa interessare a qualche stronzo, non in quello dei suonatori di clavicembalo di Busto Arsizio, un minimo di antisgamo, dai.

- Disoccupati che riempiono la giornata nei gruppi a lamentarsi della crisi, dei politici ladri, delle aziende disoneste, del sistema ingiusto, dell'impossibilità di fare il sorriso ai Sofficini come nella pubblicità e quant'altro. Ora, posso capire il disagio psicofisico e l'abbruttimento morale di questi individui, però si rendano anche conto che la loro strategia proprio efficace non è, dato che, in un social network dove in teoria tutti dovrebbero fare a gara per dare l'idea del vincente, l'aria di sfiga che emanano farà scappare a gambe levate ogni recruiter che possa capitare lì per caso. È come se uno volesse rimorchiare lamentandosi continuamente in giro che nessuna se lo fila.

- Persone che per autopromuovere la propria attività da consulente, invece di spammare come fanno tutti, monopolizzano le conversazioni dei gruppi, non mancando mai di deridere o schernire gente che non è del giro e spompinare metaforicamente chi invece è un gradino più sopra. Il mondo del lavoro fa già abbastanza schifo senza bisogno di ricordarcelo ogni momento, grazie.
- Conoscenti, soprattutto se tuoi ex-compagni di classe, che mettono su un profilo Linkedin pieno di cagate che dovrebbero impressionare la gente, quando chiunque ti abbia conosciuto un minimo lo sa benissimo che quei master e titoli professionali in inglese di quindici parole sono solo un velleitario tentativo di far credere che sei e sarai mai qualcosa di più di un impiegatucolo o una segretaria.
- Stalker che accedono continuamente al tuo profilo (su Linkedin, in certe circostanze, si può vedere chi è a farlo) e mettono "consiglia" a qualunque cazzata che pubblichi per sbaglio. Per favore, basta. Il fatto che abbia una mia attività non vuol dire che sia sfondato di soldi e possa assumere il primo stronzo che fa il simpatico online; ricordatevi pur sempre che faccio l'editore in Italia.

Forse gli esempi sopra citati non vi sembreranno così terribili, considerati tutti gli stronzi che infestano gli altri social network. Su Linkedin, però, il fastidio aumenta esponenzialmente a causa dell'insensata difficoltà nel bloccare i contatti e nel bannare la gente dai gruppi e perché per ogni stronzata che succede su Linkedin ti arrivano una media di diciotto email di notifica.

A cosa serve Linkedin, quindi? Vale la pena di farsi un profilo su Linkedin e di partecipare ai gruppi nonostante tutte queste rotture di balle? Un esperto di SEO direbbe di sì, che serve per l'indicizzazione su Google blablabla. Io vi dico: fate un po' quel che vi pare, se proprio dovete farvi anche voi un profilo invece di giocare a burraco al Bar Gianni non sarò io a fermarvi.

Ah, ultima cosa: su Linkedin non è difficile trovare le meretrici, anche la professione più antica del mondo trova la sua rappresentanza insieme ai social media salcazzo e ai technical director vattelapesca. Se ciò possa essere un incentivo o disincentivo ad usarlo, non saprei dire. Sta di fatto che siamo arrivati a un livello di saturazione del web 2.0 che probabilmente ha più senso usare i social da marpioni tipo Tinder e Badoo per trovare lavoro e invece Linkedin per rimorchiare.

Tsu: Un social network che paga gli utenti? Insomma...

Allora, da circa tre giorni da quando scrivo questo paragrafo, nel marzo del 2015, tutti la stanno menando con questo Tsu. Si tratta di un social network lanciato 20 mesi fa e che ha raggranellato un milione di iscritti a livello mondiale, dati assolutamente trascurabili. L'idea di remunerare gli utenti per i contenuti non è nemmeno nuova, anzi. E come mai allora tutti, dal pr della discoteca che frequentavi a 16 anni a vostro cugino Ermanno, stanno spammando il proprio referral in giro per fare iscrivere la gente? Beh, perché i guadagni si basano su un modello piramidale, e quindi tutti i pirlotti il cui scopo della vita è di accumulare mi piace pubblicando meme di 15 anni fa ora finalmente pensano di aver trovato un modo per tirare su *big money* veri. E infatti se ci andate, noterete come TUTTE le peggiori pagine Facebook italiane sono iscritte su Tsu, e attivissime. Se prendete un utente a caso, inoltre la quasi totalità dei post sono autoreferenziali (minchia zio ho guadagnato 0,38€ postando vaccate per tre giorni, finalmente ho trovato una scopo nella vita) o la riproposizione nelle dinamiche di *circlejerking* che mi hanno reso Ask.fm insopportabile prima che diventasse *mainstream*.

Si spiega facilmente il motivo per cui un social network pressoché ignorato da tutti stia avendo successo in Italia: perché siamo particolarmente predisposti all'idea di far soldi senza fare un cazzo, specialmente nel ramo del pubblico impiego. In sintesi, i contenuti di Tsu sono probabilmente i peggiori che io abbia mai visto in un social network finora, ed è una bella lotta.

"Beh, ma se si fanno i soldi chi se ne frega se c'è pieno di puttanate, no?": la logica dietro il comportamento di molti è evidentemente quella di spammare come degli indemoniati prima che la bolla scoppi in modo da avere un sacco di contatti su cui fare cassa poi, magari postando pure contenuti di qualità. Così finalmente quel cattivone di Mark Zuckerberg che lucra sui miei mi piace lo prenderà in quel posto e si instaurerà un modello di retribuzione meritocratico, eh?...Non proprio. Anzi, niente affatto.

In primis perché un modello di retribuzione piramidale per definizione non può essere meritocratico. Sì, magari vi siete iscritti col referral di

Gigino, vostro socio del bar, e quindi vi sta pure bene che porti a casa qualche lira per merito vostro. Ma se Gigino, com'è probabile, si è iscritto tramite il referral di Tua Madre è Leggenda o Francesco Sole, sai dove stanno finendo i tuoi preziosi centesimi?

Poi perché i banner che ora stanno finanziando i centesimi guadagnati da prodi imprenditori quindicenni con il loro duro lavoro di *shitposting* sono praticamente soldi sputtanati dagli inserzionisti, visto che su Tsu nessuno è interessato ai contenuti ma solo a macinare clic. E quindi verrà con ogni probabilità blacklistato da tutte le reti di banner decenti, e potrà contare solo su quelle più scrause, che per definizione pagano pochissimo.

E poi perché, una volta che i fenomeni del web marketing che stanno già pregustando un futuro fatto di Don Perignon alle Bahamas e soffoconi da modelle sotto l'ombrellone si accorgeranno che in quindici giorni di duro lavoro avranno guadagnato la bellezza di due o tre euro, cioè "seghe e tavernello", il tasso di disiscrizione sarà fortissimo. Sì, quelli a capo della piramide di lira ne avranno fatta un po' di più, ma se viene a mancare il pubblico, si romperanno le balle anche loro.

E quindi? Stando ottimisti, darei al boom italiano di Tsu un mese di vita.

Ma vabbè, io ai tempi avevo definito "una cagata clamorosa, a chi può interessare un telefono con internet?" il primo iPhone, quindi magari farete tutti una barca di soldi e il mondo intero mi prenderà per il culo per questi deliri da rosicone. E pazienza.

Nota ex post: a pochi mesi da quando ho scritto originariamente questo articolo, nessuno sembra più filarsi Tsu, e quindi, come previsto, gli aspiranti milionari sono tornati a scrivere commenti contro Justin Bieber su Youtube o a chiedere spicci per un "panino" in stazione. Non per dire "ve l'avevo detto", ma…

Il Crowdfunding:
figata o elemosina virtuale?

Poco fa abbiamo parlato di accattonaggio virtuale... ebbene, passiamo alle ultime frontiere. Se siete stati dal parrucchiere o dal gommista recentemente, potreste aver sentito qualcuno parlare di *craffondin* o *croufandi*. Per non fare la figura del caprone all'aperitivo come quando l'altra volta avevate ipotizzato che "selfie" fosse un'abbreviazione per "self-service", avete googlato "craufanding" ma non ci avete capito sto granché. Magari siete finiti su Kickstarter e Indiegogo, avete visto emeriti stronzi portarsi a casa fiumi di cash sonante per progetti apparentemente ridicoli e vi siete detti: "Ah, quindi io butto lì una cagata di idea e *il popolo di internet* mi riempie di soldi? Facciamolo subito!".

"Aspetta un secondo va là!". Innanzitutto, il più grande pro del crowdfunding (chiunque può chiedere soldi per la sua idea) implica anche il suo più grande contro (CHIUNQUE può chiedere soldi per la sua idea, quindi lo stanno facendo tutti per le peggio cazzate). Negli ultimi 2-3 anni i numerosi casi di successo ma ancor più i numerosissimi casi di fallimento ci hanno dimostrato che, nella stragrande maggioranza dei casi, il crowdfunding funziona se a promuoverlo è un nome grosso, a livello di personaggio o marchio che c'è dietro, che probabilmente avrebbe comunque potuto realizzare ugualmente il progetto anche senza, perché con ogni probabilità avrà già soldi e contatti in abbondanza. Di contro, l'enorme quantità di progetti-fuffa toglie visibilità ad alcune idee brillanti proposte dal pincopallo di turno che, essendo appunto un pincopallo, non ha altro modo per trovare i fondi e non gode di grande visibilità.

Senza la pretesa o la voglia di scendere troppo nei dettagli, vi accenno a quelli che tre anni fa avremmo chiamato rispettivamente "Epic Win" e "Epic Fail":

Oculus Rift

Dei tizi con un progetto di occhiali per la realtà virtuale hanno tirato su 2,4 milioni di dollari da Kickstarter, probabilmente perché visti con simpatia da molti nerdoni cresciuti negli anni '80 che ora lavorano come informatici per una multinazionale e hanno soldi da buttare: la notizia in realtà ha portato non semplici benefici economici, ma un'esposizione mediatica enorme (nel progetto è confluito pure il mitico John Carmack, babbo di Doom e Quake). Il risultato? Un anno e mezzo dopo il successo con il crowdfunding la società è stata rilevata da nientepopodimeno che Facebook per due miliardini di dollari. Ora, da un lato ciò si può considerare un caso di successo straordinario e un segno che da Kickstarter possono nascere non solo progettuncoli o idee balzane ma autentici colossi, dall'altro lato ha inevitabilmente sollevato domande sull'aspetto etico della monetizzazione selvaggia di un progetto che deve la sua riuscita a migliaia di filantropi e non ad investitori veri e propri.

Zeb89
Youtuber italiano amatissimo dai dodicenni che scrivono "viva il ducie" sulle panchine e noto per le spiccate tendenze braccinocortistiche, non c'è quindi da stupirsi che abbia particolarmente apprezzato il lato più becero del crowdfunding. La sua prima mossa è stata quella di cooptare la morosa per raccogliere soldi per andare al Lucca Comics: l'unico risultato ottenuto è stata una figuraccia clamorosa. Non contento, l'Ace Gamer de noantri ha anche avuto la faccia da schiaffi per chiedere centomila euri per realizzare una webseries, fingendo di considerarla una boutade. Zeb89 alla fine non ha intascato un cent, quando probabilmente con obiettivi più ragionevoli come 5 o 10k ce l'avrebbe fatta senza grossi problemi; in compenso ha fatto parlare molto di sé, anche se più che altro in tono estremamente negativo. Beh, se il suo obiettivo era quello, missione compiuta, niente da dire.
Ora, c'è da dire che l'Italia è stato tra i primi Paesi nel mondo ad avere una normativa decente sul crowdfunding, che ha permesso la nascita di tutta una serie di micro-portali e di progetti più o meno credibili. Che io sappia, grossi risultati positivi non si sono ancora riscontrati; d'altro canto nell'ambito di finanziamenti medio-piccoli (diciamo dai 500 a 3000 euri), molti scemi del villag... ehm, *influencer*, hanno lanciato diversi progetti, soprattutto di ambito culturale, che difficilmente avrebbero potuto vedere la luce altrimenti. Quindi, come per tutte le cose della vita, penso che il crowdfunding non vada visto né come la soluzione alla fame del mondo né come una stronzata tout-court, bensì come uno strumento che può dare risultati buoni o meno buoni, a seconda di come viene utilizzato. E chissà se il prossimo a chiedervi l'elemosina 2.0 non sia proprio io per uno dei miei mirabolanti progetti di editoria digitale... in fondo, se l'ha fatto pure Spike Lee...

Bonus Stage: Salvatore Aranzulla: il boss finale di internet?

Se avete mai fatto una ricerca su Google di carattere vagamente informatico, con ogni probabilità siete incappati in un articolo di Salvatore Aranzulla.
Quando si fa il suo nome, esistono due tipologie di reazioni ben codificate.

1) Quello dell'italiano medio, che lo ha già sentito ma non ricorda dove (probabilmente in un tutorial trovato del tipo "Come cancellare cartelle vuote" o "come spegnere il computer"). Si tratta del "target" del noto blogger catanese, l'unico in un mare magnum di bloggherini e pseudo-informatici a riuscire a calarsi davvero nella testa dei peones.

2) Quello dell'informatico o comunque *homo internetticus*, che probabilmente inizierà ad agitarsi, a incrementare la sudorazione e ad emettere urla scomposte o a strapparsi i capelli (che nel caso degli informatici spesso non abbondano). È il tipo di persona che odia Aranzulla perché i suoi articoli divulgativi sono imprecisi e fuorvianti, scritti malissimo per sfruttare i trucchetti di SEO, o più spesso semplicemente perché rosica.

Come mai gli articoli di Aranzulla sono sempre i primi cercando su Google? Beh, i motivi sono molteplici:

- Usa, soprattutto nel primo paragrafo, uno stile di scrittura alquanto antipatico e neanche sempre corretto, ma dannatamente SEO-friendly, e Google abbocca.
- Fa molta legna, avendo scritto un'enorme quantità di articoli dal 2007 in poi. E la quantità paga sui motori di ricerca.
- Il suo sito era hostato su virgilio.it, il che pare faccia miracoli. Da qualche mese viaggia "sulle sue gambe".
- Al di là di soluzioni approssimative o maliziose che fanno installare miliardi di toolbar se seguite alla lettera, i suoi tutorial

molto terra terra non saranno un capolavoro della divulgazione informatica, ma risolvono i problemi dei poveri stronzi. E i poveri stronzi sono la maggioranza. E Google è orribilmente democratica.

Perché prendere per il culo Aranzulla è molto facile, ma a differenza di altri personaggi dell'*elite intellettuale* dell'internet italiano, almeno Aranzulla ha fatto qualcosa nella vita. Anzi, ritengo che il buon Salvo, che magari con furbizia ma anche tanto impegno a 23 anni ha una fonte di reddito costruita (più o meno) da solo, abbia molta più dignità del tipico quarantenne riciclato SEO-Social Media Salcazzo che pensa di rivoluzionare internet traducendo con approssimazione articoli assolutamente inutili e irritanti come "10 modi per utilizzare al meglio Google+" o "5 consigli per le aziende su Pinterest" e tira a campare con finanziamenti statali per corsi e marchette reciproche tra addetti ai lavori. E quindi, chiarito il fatto che Aranzulla divulgatore informatico è meno peggio di tanti altri, Aranzulla personaggio continua comunque a far pisciare addosso dal ridere. Senza arrivare ai livelli di altri "personaggi di internet" che fanno di tutto per farsi odiare (Zeb89, Matteo Achilli di Egomnia, Andrea Diprè, Selvaggia Lucarelli e non pochi altri), Aranzulla sembra sbattersene abbastanza della sua fama controversa e si limita a cogliere i trend del momento e a calcare un po' sul narcisismo. Ultimamente ad esempio continua a postare selfie a petto nudo sulla sua pagina Facebook, il che potrebbe creare un po' di perplessità a chiunque l'abbia visto in faccia. O forse Aranzulla, il *divulgatore informatico della ggente*, sta prendendo un po' in prestito lo stile di Grillo, tra pettinature indecenti e maglioni orripilanti.

III - DALL'ANONIMATO ALLE WEB CELEBRITY

Intro: una questione di numeri.

Nell'internet che fu, quella delle chat strampalate, delle mailing list incongrue e dei forum ridanciani, la gerarchia di influenza tra i vari partecipanti era solitamente questa:

- Founder/Admin
- Moderatori
- Frequentatori di vecchia data
- Frequentatori occasionali
- Niubbi

Detto questo, sì, c'erano personaggi particolarmente stravaganti la cui fama andava oltre una cerchia ristretta, oltre a tutta una strana rete di gerarchie e intrallazzi coltivata nei messaggi privati. C'era quindi già una gara a chi è più fico, a chi ha il numero più alto di post all'attivo o più visite registrate in uno di quei widget dalla grafica imbarazzante sui sitarelli dell'epoca, ma eravamo lontani dalla smania di accumulo che oggi vediamo su TUTTI i social network, e pure fuori.

Il numero di mi piace, follower, iscrizioni etc. è considerato da molti segno del tuo successo o fallimento nella vita, e quindi si è disposti a tutto pur di aumentarlo, che sia la compravendita di mi piace finti attraverso simpatici trafficoni del Bangladesh, lo sperpero di denaro nelle inserzioni, le marchette reciproche, l'esplicita richiesta di condivisione ai propri post del cazzo e altre belle cose.

Che poi, questi numeretti, diciamocelo, non servono solo per appagare l'ego. Quando le aziende tirano fuori il grano per farsi spammare i propri link dall'*influencer* di turno, i numeretti sono praticamente l'unico parametro che viene valutato. Per quanto un tale possa essere stimato da una nicchia appassionata, se il tal'altro viene seguito distrattamente da un pubblico un po' più vasto, per quasi tutti è più *influente* il secondo, anche se spesso in realtà non è così.

Ma i numeretti non li guardano solo ragazzetti di belle speranze che vogliono tirar su qualche lira tramite la popolarità sui social (perché "belli e di gentile aspetto", perché fanno ridere o perché in grado di attirare l'attenzione in qualche modo), ma pure VIP e VIPpetti vari che con internet hanno ben poco a che fare, ma che lo sfruttano per rilanciare la propria popolarità decaduta oppure per reinventarsi.

Non parlerò di politica perché so che altrimenti mi troverei pieno di recensioni negative, e sono pavido. Ma pensate a Francesco Facchinetti, che da Capitan Francesco in qualche modo si è riciclato come talent scout, startupper e non so altro cosa. Ma anche a Selvaggia Lucarelli, la cui trasgressione plastificata piace tanto a uomini arrapati e a donne che si credono ironiche: lo sapevate che prima era una diva televisiva di quart'ordine, con apparizioni in reality di grande caratura come *La Talpa*? O Francesco Sole, ragazzetto belloccio che fa video scopiazzando citazioni esistenzialiste generiche, che non è certo venuto "dal basso" come altri youtuber più o meno meritevoli, ma è un "prodotto" confezionato da una media agency, che è di fatto la stessa di Facchinetti e della Lucarelli (che tra l'altro recentemente sono stati presi in giro da certi *hater* per avergli fatto un marchettone clamoroso)?

Insomma, quando con qualche anno di ritardo rispetto al resto del mondo si è capito che su internet si possono fare soldi, le logiche televisive si stanno pian piano applicando al web: non vedevamo proprio l'ora!

Storia dell'anonimato su internet

Quando non usiamo internet per cercare su google se "cosiddetto" si scrive con due d o una sola, per scandagliare pornografia più o meno abominevole o come surrogato del Televideo per le partite sportive, sul web capita spesso di interagire con delle altre persone. Solo che internet consentiva di non doverci mettere non solo la faccia, ma neppure il nome. Poi, vabbè, è arrivato Facebook. Solo che oggi la gente sta riscoprendo il piacere dello scrivere (cazzate) da anonimi. Che senso ha tutto ciò? Beh, per scoprirlo dobbiamo fare qualche passo indietro nel recente ma nefasto passato della rete.

Ai tempi gloriosi (agli occhi del nostalgico) dei primi forum dove si discuteva quale fosse il Final Fantasy migliore, si tentava maldestramente di broccolare le rarissime ragazze (o supposte tali) e si scrivevano corbellerie per il gusto di aumentare il numero dei post, solo un folle si sarebbe iscritto col suo nome e cognome o avrebbe messo la sua foto come avatar. Molto più comuni invece i Tetsuo82, i Vash_The_Stampede o i SolidSnakeMGS. L'identità che sceglievamo di avere in queste comunità digitali era arbitraria, costruita, modellata più su un'immagine idealizzata di noi stessi che su quella reale. Un po' come gli status copia-incollati o le foto ritoccate di Facebook, se ci pensate. Però, a differenza dell'internet di oggi, il bisogno di auto-glorificazione non era legato a doppio filo alla nostra faccia e al nostro nome. La connessione tra quell'accozzaglia di bit dell'account e la nostra identità reale era collegata dalla sola password. Sui forum non c'erano cugini rompicoglioni o bulletti del quartiere a cui rendere conto. Billy Corgan in tempi non sospetti cantava "I wanted more than life could ever grant me, bored by the chore of saving face"; beh, avevamo finalmente trovato una "vita" virtuale che ci potesse garantire davvero quello che volevamo, perché non c'era nessuna faccia da salvare. Su internet, tanti introversi e impacciati hanno per la prima volta potuto essere se stessi.

Però l'identità delle comunità online anteriori al web 2.0, pur fittizia, era pur sempre un'identità, sconnessa da quella fisica ma legata comunque ai contenuti che scrivevamo. Il passo successivo, e di portata rivoluzionaria, verso l'anonimità lo fecero le imageboard nei primi anni '2000 e soprattutto durante il loro periodo di vasta diffusione nella fine di quel decennio. Su 4chan e sulle sue "sorelle" meno note infatti viene a mancare del tutto il legame tra testo e autore; si potrebbe pensare che ciò porti appunto tutta l'attenzione sul contenuto e non su chi l'ha scritto, risultando così estremamente democratico. In teoria, il vero anonimato di 4chan dovrebbe spingerci ad essere davvero noi stessi invece che una versione idealizzata di quelli che vorremmo essere agli occhi del nostro pubblico, e a volte è così, ma capita più di frequente che il mancato vincolo a un'identità anche fittizia venga usato più che altro allo scopo di trollare gli altri *anonimi*. Beh, non sarebbe 4chan altrimenti, no?

Negli stessi anni in cui le imageboad diventano sempre più influenti, d'altro canto prende sempre più piede il fenomeno contrario: si sparge il morbo dei social network, siti che fanno della connessione con l'identità reale la loro *killer application*. Facebook, in particolare, non solo associa un nome a una faccia, ma di fatto lo connette alle 200 foto che hai caricato del tuo weekend a Venezia (per non parlare di quelle che ti fanno gli "amici"). Ma non finisce qui: i tuoi contatti possono tranquillamente venire a sapere che sei fan delle Hogan, che giochi a cagate tipo Farmville, che segui Matteo Salvini (ti crederanno se dici che lo fai ironicamente?), che la scorsa sera quando ti sei finto malato in realtà sei stato geolocalizzato alla festa della rana fritta a Codroipo e che frequenti il gruppo dei single di Imola scrivendo "ciao ki chatta?:(". Facebook, dal nome stesso, nasce per farti spiattellare un sacco di informazioni su di te a chiunque ne voglia farne uso per diabolici piani di conquista del mondo o, peggio, per venderli a chi fa marketing. Quello che di fatto succede è che la gente si illude di poter creare un'immagine idealizzata di sé, passando ore a selezionare la foto di profilo o condividendo citazioni di Coelho, ignorando che quello che di fatto la gente vede è l'amicizia con il profilo "Pablita Trans Perugia" e le foto del cugino Clodoveo a Gabicce Mare dov'eri in botta durissima.

Forse è per questo motivo che molte persone, arrivate all'età della ragione (18, 25, 47 anni o mai, a seconda dei casi), usano sempre meno Facebook, se non per continuare a farsi i cazzi degli altri. E forse è proprio per questo motivo che dal tardo 2012 a oggi nel panorama dell'internet italiano impazza la moda dell'anonimato. Non si parla, ovviamente, di imageboard vere e proprie, ma di siti dal fascino mainstream come insegreto o addirittura di pagine Facebook come le famigerate Spotted. Su insegreto chiunque può scrivere la sua cazzata da anonimo, quindi puoi confessare di quella volta che hai scatarrato nella boccetta dello shampoo di tuo fratello o, meglio, causare ulteriori danni al tessuto socio-economico italiano sputtanando i tuoi pomeriggi in ufficio a spiare morbosamente storie più o meno inverosimili (e più o meno farlocche) scritte dall'anonimo di turno. Ancora più clamore hanno suscitato le pagine Spotted, fenomeno originariamente universitario (si sa che gli universitari hanno molta voglia di scopare e di perdere tempo) in cui chiunque può scrivere la sua brava stronzata agli admin che poi la pubblicano sulla pagina rispettando il principio di anonimato. Queste pagine, dove fuoricorso troppo sfigati per approcciare le squinzie di persona tentano di allungare i propri tentacoli digitali o, più spesso, dove congreghe di guasconi organizzano scherzoni "troppo paxxerelli", hanno un pregio grandissimo: non mi fanno rimpiangere di aver finito l'università. Lo stesso meccanismo dello pseudo-anonimato è quello che ha decretato il successo delle varie pagine "X di merda", usate dalla ggente per sputtanare i propri ex-conquilini, ex-ragazzi, ex-qualcosa o, più spesso, dagli amministratori per inventarsi cazzate e spammare link dietro pagamento.

Ecco, se avete seguito i miei brillanti ragionamenti, ora converrete con me che nelle relazioni sociali su internet siamo passati dalle identità fittizie al vero anonimato (per una nicchia) e all'identità reale (per la stragrande maggioranza), per poi arrivare alla riscoperta del fascino dell'anonimato (o presunto tale). Il fatto è che gli stessi che fino a poco fa hanno iniziato a usare internet proprio perché potevano chattare e scambiarsi i mi piace con la Francy e la Cate si stanno pian piano rendendo conto di quanto può essere divertente accantonare per un attimo la nostra identità reale. A quali abominevoli conseguenze può portare tutto ciò, io non vi saprei dire, e comunque non ho voglia di pensarci adesso; vi saluto che devo crearmi un paio di altri profili finti su Facebook.

Insultare la gente su internet?
Sì, ma con stile

Parlando dell'evoluzione o involuzione dei concetti di identità, anonimato e popolarità nelle comunità online, è doveroso citare la forma comunicativa che è possibile ritrovare nelle imageboard anonime, sui forum di nicchia, nelle videochat, sui social network generalisti, sui siti di social sharing e sui gruppi di lavoro. Ovviamente sto parlando dell'*insulto*. Atto comunicativo che non nasce certo con internet, ma che nelle sconfinate lande digitali ha trovato terreno fertilissimo, diventando ormai una prassi che suscita stupore o sbigottimento solamente nei novellini. Chiunque sia minimamente scafato del web avrà letto centinaia di conversazioni tra persone impegnate a offendersi in modo più o meno originale, e con ogni probabilità spesso o volentieri sarà stato oggetto di vituperi o si sarà prodotto lui/lei stesso in esecrazioni contro benemeriti sconosciuti per motivi totalmente futili. Che ci si metta la faccia o meno, non cambia tanto; che io stia offendendo Evaristo Montacchini o Paxx0T3quila2010, il concetto è sempre quello: per rabbia, stizza o puro gusto della denigrazione, voglio fare incazzare un tizio che da qualche parte mi sta leggendo.
Su internet ovunque vai trovi gente che lancia offese, e che lo si voglia o no è facilissimo trovarsi nell'occhio del ciclone. Immaginatevi di andare in tabaccheria a comprarvi un pacchetto di paglie, e di sentire un quattordicenne che ti dà del coglione perché fumi, augurandosi la tua morte, per poi scoprire una signora di mezza età che ne dice di ogni contro il ragazzino offendendo anche l'onore dei suoi famigliari, per trovarvi quindi nel bel mezzo di una ventina di persone che si insultano ferocemente tra loro senza motivo apparente. Ok, probabilmente in certe periferie scene del genere non sono poi così rare, ma su internet hanno un sapore diverso, più caotico e irrazionale. La differenza principale? Che sul web non rischi di beccarti dei ceffoni (al massimo delle querele), in quanto non solo puoi fare a meno di metterci la faccia, ma non ci devi mettere neanche il nome. Certo, oggi Facebook ha in parte scardinato le regole dell'anonimità online, eppure sul social Zuckerberghiano non è raro vedere gente che si scambia ingiurie come se fossero figurine. Insomma, se l'anonimato ha cambiato parecchio le forme di interazione

sul web, basta andare nella pagina Facebook di un politico, specie se al governo, per vedere che la gente non si fa molti problemi a scrivere delle bestialità connesse a un profilo che contiene le nostre foto in costume e tutti i nostri dati.

Ma veniamo al dunque: l'insulto è un po' lo sport ufficiale nel regno di Internet. Come fare a uscire dal campetto per giocare sotto i riflettori, a diventare professionisti dello sbeffeggio virtuale? In realtà basta tenere a mente pochi punti fondamentali per emergere dalla mediocrità ed eccellere, visto il deprimente livello medio di improperi quali "Ngul a mammt", "Sei un imbecille" o "Esci le minne". Ecco le cinque sacre regole dell'insultatore professionista:

- **Know your enemy** - Qualunque atto comunicativo efficace deve essere "costruito" sulla base di un lettore modello che vada a coincidere il più possibile col lettore empirico (cioè reale), parafrasando brutalmente il buon Eco; stessa cosa per gli insulti. Ciò nel web può sembrare difficile: come si fa a conoscere i punti deboli di un tizio di cui non sappiamo niente? Con le inferenze e i ragionamenti induttivi: partendo da poche righe scritte da chiunque, l'insultatore abile sarà in grado di estrapolare dati preziosissimi come il luogo di provenienza, l'età, i gusti e le passioni della potenziale vittima. A questo punto usarli con effetto devastante è più che altro questione di pratica – come amministratore di una famigerata pagina facebook, io ne ho fatta parecchia.

- **Guadagnare la simpatia degli "spettatori"** - Similmente a una rissa per strada, nelle scaramucce virtuali non siamo isolati, dobbiamo tenere conto degli "spettatori", che potrebbero decidere di partecipare schierandosi dalla parte di uno dei due contendenti. Noi, infatti, possiamo essere dei maghi dell'insulto, ma se il resto della comunità solidarizza con la "vittima" saremo noi a venir bollati come degli schizzati e a ricevere a nostra volta una pioggi di insulti o, peggio, a *venire ignorati* (questa è la cosa peggiore che può succederci sul web). Cerchiamo quindi di rendere antipatica al resto degli astanti la persona che vogliamo distruggere, eventualmente sfruttando rancori preesistenti che dobbiamo essere bravi a individuare.

- **Prendersi sempre l'ultima parola** - Le nostre argomentazioni sono state abilmente smontate dal nostro rivale? La pioggia di insulti non ha funzionato? Sembra che il nostro oppositore ci abbia liquidato? Fregatevene, e continuate a insultare fino a quando l'avversario non smette di rispondere o venite bannati. Su internet, come nella vita reale, chi si prende l'ultima parola appare sempre il più convincente, anche se queste ultime parole dovessero essere robe come "vsdgskas asinofdas" o "Capra! Capra! Capra!", come insegna il maestro Sgarbi. Non mollate mai e assicuratevi di avere tempo a disposizione quando iniziate una *shitstorm*.

- **Delegittimare l'avversario** - Ricordatevi sempre che durante una "rissa" sul web l'obiettivo non è quello di aumentare la nostra credibilità, ma di diminuire quella altrui. Se siete in una comunità online come un forum tematico, fate in modo che il vostro nemico risulti incompetente in quel settore: se si parla di film d'autore fate credere che sia un fan di Massimo Boldi, nel forum delle Bmw dite che l'avete appena visto girare in Mercedes. Su Facebook fate in modo che i suoi "amici" possano ridere di lui. Su Youtube dite che è un fan di Justin Bieber. Sfruttate il contesto, che dovete conoscere bene, e usate tutte le armi che avete a disposizione per danneggiare la sua reputazione e farlo strisciare dalla mamma tra le lacrime. È questo quello che volete, no?

- **Imparare dai Maestri** - In generale, una delle linee guida di internet è: "Prima di fare qualcosa, lurka, ri-lurka e poi lurka di nuovo". Se vogliamo quindi essere bravi a insultare, meglio prima ispirarci a qualcuno che l'ha fatto con grande successo. Di esempi ce ne possono essere a migliaia, ed è giusto che ognuno si scelga da sé i suoi "modelli", ma nel caso che non lo conosciate vorrei citarvi come *case history* la **leggenda di Bloodninja**, un ganzo che trollava le adolescenti in calore nelle chat facendo degenerare le narrazioni di "cybersex" nel modo più grottesco e insultando le malcapitate in modo alquanto creativo. È sufficiente googlare "Bloodninja" per rintracciare le sue amenità migliori (vabbè, sono strapiene di volgarità e bizzarrie, ma questo ve lo dovreste aspettare…).

Bene, signori. Ora che sapete di più su come insultare gli sconosciuti su internet, potete disperdervi per i meandri del web e mettere in pratica quanto avete imparato. In altre parole: potete andarvene allegramente affanculo, brutti sacchi di merda.

Ask.fm: fuga dal pianeta dei bimbominkia

A proposito di anonimato, identità virtuale, web-celebrity e corbellerie varie: se avete dai 13 ai 20 anni, probabilmente siete o siete stati utenti di Ask.fm. Se ne avete qualcuno in più, ne avrete con ogni probabilità sentito parlare al tg o su qualche articolo ridanciano a proposito di risse di massa, cyberbullismo e altre amenità simili. Potrei benissimo ignorarlo bollandolo come il solito fenomeno adolescenziale che si sgonfia dopo un paio d'anni tipo, che ne so, Netlog, eppure credo che Ask.fm sia alla fine meritevole di un minimo di approfondimento, visto che a modo suo ridefinisce il concetto di identità sul web. È inoltre doveroso citarlo come esempio del social network peggiore di sempre (fino ad oggi, almeno).

Perché fa così schifo? Non tanto per la "popolazione" in sé: da anni frequento con moderata soddisfazione svariati social network dove il 90% della gente ha apparentemente il QI di un bonobo non particolarmente sveglio, oppure è più irritante dei fili degli auricolari che si aggrovigliano in tasca, come Tumblr, Twitter e, ovviamente, Facebook. Sono proprio i "meccanismi" alla base dell'originalità e del successo di ask.fm che lo rendono, a mio modesto parere, nient'altro che un simpaticissimo mare di merda digitale.

1) Il "mi piace" (+1, o quel cacchio che è) ai post ha di fatto la stessa funzione del "condividi" di Facebook, cioè rende visibile il post di un soggetto esterno nella tua bacheca se è stato sanzionato positivamente da qualcuno che segui. Questa sulla carta sembrerebbe una buona idea, del resto i contenuti che piacciono a chi seguo dovrebbero essere rilevanti anche per me. Il problema non è tanto la ricerca della viralità nelle maniere più tristi e patetiche, che non vi sto a elencare perché non ci tengo a deprimermi ulteriormente, ma la sistematica forzatura del sistema con il proliferare di "ASKI KI MI PIACE?" e similari.

2) Su Ask si possono inserire contenuti solo in risposta alle domande. Anche questa sulla carta è una cosa positiva, perché, in teoria, previene il fenomeno tipico degli altri social network

dell'imbecille che scrive ogni volta che si scaccola o si pulisce il culo. Di fatto, il risultato è che chiunque si trova costretto a ricevere domande per poter scrivere le proprie quattro cazzate, che è evidentemente lo scopo per cui si usa un social network invece di andare a saltare i fossi per il lungo o a imparare a suonare il clavicembalo. Risultato: giri di *circlejerking* palesemente irritanti praticamente ovunque (non ce n'erano abbastanza altrove?) se va bene, pratiche sistematiche di spamming "collaborativo", tipo quanto accennato per lo scorso punto, se va male. E, ovviamente, spesso e volentieri va male.

3) A scatenare il potenziale distruttivo dei fattori di cui sopra c'è poi quello che altrove su internet è considerabile una virtù: l'anonimato. Su Ask infatti non solo si può interagire anonimamente con la gente tramite le domande, ma non sai chi ti segue e non fai sapere agli altri chi segui. Al di là delle più ovvie pratiche di stalkeraggio, già enormemente diffuse sul web e di cui non dovrebbe stupirsi nessuno, e della presenza di orde di troll della domenica che si divertono a stuzzicarti con domande provocatorie, l'anonimato su ask.fm è determinante nel creare le condizioni per diventare quello che di fatto è, cioè la comunità online in assoluto più autorefenziale, povera di contenuti interessanti e di fatto più fastidiosa, e dire che i concorrrenti sono agguerriti. Questo perché su Ask pensi di essere un genio a farti gli affari dell'altra gente e a importunarla con domande geniali tipo "li fai i poNpini?", per poi non renderti conto che di fatto, quando rispondi a una stronzata di un anonimo, ti stai rivolgendo a chi ti segue e a chi segue chi ti mette il mi piace. E non hai nessun controllo su di ciò. Puoi evitare di rispondere alle domande, ma poi non avrai più modo di farti sentire, diventando così uno stalker e basta. C'era davvero bisogno di un incentivo?

Ora, non mi metto a elencare ulteriormente i casi di disagio psicofisico e di aberrazione intellettuale che è possibile trovare su ask.fm, anche perché sarebbe fin troppo facile. Comunque, più passa il tempo e più frequentare le community di internet, per lavoro o passione che sia, mette a serio rischio il tuo buonumore, quando va bene, e la tua sanità mentale, quando va male, il che accade di frequente, tra la proliferazione di notizie false, il narcisismo aberrante, il riciclo continuo delle solite stronzate e quant'altro. Di Facebook, e di altri canali, non ne posso fare ancora a meno. Di Ask.fm, a conti fatti, sì. Non sarò uno di quegli "admin" diventati famosi su facebook che passano le giornate in un social network pieno di dodicenni a riciclare battutine e a gonfiarsi l'ego con le menate dei fanboys, tutto sommato non ne ho sto gran bisogno, per ora.

Come diventare una celebrità su internet (e perché non farlo)

Anche se Andy Warhol mi sta simpatico come una cacca che finisce sotto le scarpe con le righine, bisogna ammettere che ci ha preso quando ha detto che in futuro tutti saranno famosi per 15 minuti. Se dobbiamo ringraziare internet per averci dato l'accesso immediato a una quantità spropositata di pornografia e di foto di gattini, dall'altra siamo costretti a odiarlo per aver peggiorato la qualità della nostra vita con gli spam cinofallici di sedicenti "blogger" o "social media manager" (o, peggio, "startupper") e con adolescenti che, invece di drogarsi o infettarsi malattie veneree tra loro come si faceva un tempo, oggi inquinano i nostri momenti di cazzeggio online con i loro errori grammaticali e la finta arroganza di chi pretende di essere qualcuno.

In realtà, la fame di celebrità non è nata con internet, basti pensare al cugino diventato famoso nel paesotto per aver partecipato alla Ruota della Fortuna con "Maik Buongiorno": tutti ne conoscete uno, no? La TV ha fatto per la prima volta sognare a milioni di stronzi di diventare famosi; si trattava però di un sogno perlopiù utopistico, come quello delle tredicenni di sposare Justin Bieber o di Emilio Fede di venire sepolto di fianco a Berlusconi. Se non eri una stangona disposta a darla via a mezzo mondo oppure uno spacciatore con le mani molto in pasta, sapevi che il massimo di notorietà a cui potevi plausibilmente aspirare era quella di fare una telefonata in diretta a RDS o finire tra il pubblico di Forum.

Su internet, di contro, vedi dei disagiati sociali mascherati da rapper che superano le 4 milioni di visualizzazioni su Youtube o un ragazzetto che copia le battute del cucciolone che fa più di 30mila fan su Facebook, così la prima cosa che pensi è: "mbeh, e che ci vuole? Posso farlo anch'io! Posso diventare anch'io FAMOSO SU INTERNET!" Il risultato? Beh, lo conoscete già: qualche goccia di contenuti interessanti in un mare di cazzate e mediocrità.

Certo, sono problemi che si possono parzialmente risolvere con un po' di cura per i filtri (non preoccupatevi se non avete capito una mazza, ne riparlerò più avanti) ma resta che per ogni Nocoldiz ci sono migliaia di pseudo-youtuber oltre il limite del patetico (e tagliatevi quelle cazzo di frange, per dio) e per ogni Bagni Proeliator c'è una profusione di blogdimerda.blogspot finto esistenzialisti che nessuno si fila nonostante gli spam continui. Non parlo delle pagine Facebook perché se lo faccio poi mi date del fazioso, e a ragione.

Certo, se vedete che qualcuno ha successo e si fa un nome o due lire grazie a delle cagate su internet, è naturale provare a imitarlo. Il fatto è che per sperare di ottenere un minimo di notorietà online i propri contenuti devono essere o veramente eccellenti o di infima qualità (l'eccezione è chi diventa famoso "per caso" con la viralità di un video o di un'immagine spesso caricata online da qualcun altro, e poi cerca forzatamente di sfruttare questa popolarità: quasi sempre farà pena). Io non dico che sia meglio accettare uno stage non pagato che mettere su un blog/una pagina facebook/un canale youtube, se non avete di meglio da fare, ma almeno metteteci un tantino d'impegno, ecco, quello sì; se poi l'idea migliore che vi è venuta e lo sbattimento per portarla avanti vi fruttano una dozzina di mi piace dopo un anno, vabbè, accettate il fatto che non ci siete portati. Si può vivere decentemente anche senza essere famosi sul web, o almeno così dicono.

Pensate un attimo anche a qualche esempio di soggetti "famosi su internet" in Italia, e siate sinceri: prima di un Willwoosh vi viene in mente un Trucebaldazzi. Banale da dire, ma su internet ci sono due cose che tirano: il sesso/porno e le cazzate. Se quindi volete la strada facile per diventare una "web celebrity", o come la volete chiamare, se siete una ragazzina con le tette enormi e la predisposizione all'attention whoring potete sperare di diventare la nuova Marina Portolano (contente voi...), altrimenti, beh, potete rovesciarvi dell'acqua addosso mentre cantate in modo orrendo e diventare la nuova Gemma del Sud. Sì, non richiede grande talento. No, non credo che ne valga poi così tanto la pena.

Un discorso a parte lo meritano i cosiddetti "influencer" (lemma già di per sé orribile) del social web, quelli che si presentano come "social media qualcosa". Non voglio per forza generalizzare, ci sono fuffologi (sono un fuffologo anch'io, dopotutto) veramente bravi in quello che fanno e che si meritano di lucrare con le consulenze e i gettoni dei convegni. Il problema è che per un "guru" del web italiano ci sono dieci blogger pieni di boria che sembra non abbiano niente da fare tutto il giorno che tirarsi (metaforicamente, o almeno credo) pompini tra loro su twitter, cento speranzosi che spammano ovunque articoli del tipo "10 modi per valorizzare il tuo brand sui social network" e mille laureati che si presentano come "Social Media Specialist" su Linkedin e che passano le giornate a fissare con occhi vitrei la casella di spam dell'email sperando di trovarvi lì una risposta alle 800 candidature su Infojobs.

Per chiudere: dire che le *celebrità di internet* siano solo dei venduti o dei poveretti sarebbe ipocrita, visto che qualcuno sostiene che sia pure io una web celebrity (nel caso, tra le due preferisco essere annoverato tra i "poveretti"). Penso del resto che tra le due strade, tra quella di chi vuole capitalizzare trucchetti di SEO per lucrare come relatore ai convegni o come consulente di fuffologia a libro paga di enti parastatali o manager sprovveduti, e tra chi cerca di fingersi divertente per elemosinare attenzione (di cui evidentemente non abbonda nella famigerata *vita reale*) su internet, la meno deplorevole sia in fondo la seconda.

Se poi volete proprio diventare "famosi su internet" e siete convinti che la gente debba sprecare il proprio tempo libero con i vostri contenuti, beh, allora non vi costa molto provarci. Se siete disposti a subire minacce di morte o, peggio, di fantomatici cugini avvocati, se non vi turba l'idea che degli onanisti sedicenni diffondano immagini photoshoppate per screditarvi o che delle femministe americane cerchino di far finire come primo risultato di Google per il vostro nome un articolo in cui venite presentato come stupratore con tanto di foto (tutte cose realmente accadute, e non è che io sia poi *così* famoso), beh, fatevi sotto. Nel mio caso di relativa notorietà, dovuto in gran parte al "by Frullo" egoticamente appiccicato a una pagina Facebook diventata virale per le immagine sceme, a volte si sente il peso di non riuscire veramente a staccare da internet. Immagino quindi che una celebrità del web "vera" avrà sicuramente più possibilità di bullarsi e di fare soldi di me, ma la invidio relativamente, perché il rischio di ossessionarsi e finire con un *burnout* come hanno fatto molti che sono spariti da un giorno all'altro c'è, eccome. Alla fine di tutte queste belle parole, quale doveva essere il mio consiglio? Toh: "fate un po' il cazzo che vi pare, basta che vi divertiate a farlo". Il punto alla fine dovrebbe essere quello, credo.

Cinque VIP che usano i social network in modo involontariamente esilarante (e uno che invece sa quello che fa)

Prima dei social network, internet era tutto un altro mondo, un multiverso fatto di tante comunità separate tra loro, chiuse nei forum e nelle chat, un mondo da cui le celebrità "normali" se ne stavano ben alla larga, e quelle che si possono definire "celebrità di internet" si contavano sulle dita di una mano monca ed erano entità evanescenti come il mitico Bruzzi o altre entità mistiche note più che altro in cerchie ristrettissime. Poi Facebook ha portato su internet le massaie e quindi Vasco Rossi ha capito che era un ottimo modo per continuare a far parlare di sé con i "clippini" e per mascherare il fatto che non fa una canzone decente da vent'anni. Quelli che non lo hanno seguito a ruota sono arrivati con la seconda ondata, quella di Twitter, che per la maggior parte degli italiani non è uno strumento di informazione e microblogging, ma un marchingegno che serve per sapere cosa ha mangiato per colazione Fiorello. Ci sono celebrità televisive o musicali che su internet hanno fatto fortuna (PEPPE!!!1!1), piacciano o meno ma hanno saputo intercettare un pubblico nuovo e entusiasmare certi tipi di persone, altri lasciano fare tutto al loro ufficio stampa; in ogni caso i migliori per me sono i VIP che usano i social network in modo totalmente inappropriato, risultando involontariamente comici, soprattutto se celebrità decadute o finte celebrità come un Mastrota. Non sono un grande fan dei VIP quindi non è che ne sappia così tanto in realtà, questi sono giusto i primi che mi vengono in mente.

Giuseppe Povia

Chiariamolo subito: in realtà Povia è un genio. Dopo 2-3 mesi da pseudo-celebrità per l'inaspettato successo di "I bambini fanno ohh" (non era ancora uscito il "Pulcino Pio"), il cantante, noto per disonorare i capelli lunghi, riesce con un ammirevole esempio di finto perbenismo a far parlare di nuovo di sé con "Luca era gay", con vari opinionisti di sinistra e associazioni lgbt che abboccano penosamente. Oggi Giuseppe

Povia rilancia la sua immagine scrivendo cagate complottiste, creando orrende immagini con Microsoft Paint e insultando la gente sulla base del suo cognome (sì, veramente, l'ha fatto anche con me) sulla sua ormai mitica pagina Facebook. Il suo talento per il marketing è confermato dalle molteplici vignette pro-Berlusconi e pro-Salvini anticipate puntualmente da commenti come "Io non sono né a favore né contro Berlusconi/Salvini, ma comunisti merde blahblahblah"; del resto, complottisti e fascisti della domenica sono un pubblico perfetto per la musica di Povia, in quanto spesso e volentieri mononeuronali.

Massimo Boldi
Invece di venire ricordato per le sue profonde interpretazioni a suon di rutti e scoregge nei vari *Vacanze di Natale*, recentemente Massimo Boldi si è fatto notare per un uso alquanto scellerato del suo account su Twitter. Boldi non solo twitta luoghi comuni e abusa in vari modi della grammatica italiana, ma si diletta a insultare le persone che lo criticano, che, come era prevedibile, non sono poche. Dal momento che però Boldi non ha la verve di uno Sgarbi, gli insulti risultano involontariamente comici per espressioni molto nouvelle vogue come "faccie da pirla" (sic).

Paolo Brosio
Se l'apice della tua esistenza è impersonare un cretino a "Quelli che il Calcio", forse qualche domanda te la devi pur fare. Quale che sia la molla che ha spinto Paolo Brosio al trip mistico-religioso che ha in qualche modo rilanciato la sua "carriera" (se così si può definire) negli ultimi anni, la sua pagina Facebook è regno delle peggiori oscenità da cattolico invasato. Il valore comico è rafforzato dalla sorprendente quantità di idioti che lo prendono sul serio. Se Paolo Brosio ci sia o ci faccia (o, meglio, si faccia), resta per ora un mistero, come quello di Fatima.

Flavia Vento
Se Sara Tommasi ha dimostrato che non si dovrebbero fare film porno quando si è strafatti di coca e dio solo sa cos'altro, @flaviaventosole ha confermato che le droghe pesanti e Twitter sono una pessima combinazione. Non credo sia necessario scrivere altro.

Maurizio Gasparri
Invece di limitarsi a twittare qualunquismi e a fare propaganda malamente velata a favore del buon Silvio come fa ad esempio un Brunetta, Maurizio Gasparri non riesce a trattenersi da quello che il suo

non acutissimo intelletto gli suggerisce, rendendo il suo account Twitter @gasparripdl un must per tutti i buontemponi. Oltre ad insulti scarsamente fantasiosi come gli ormai celebri sfottò a emeriti sconosciuti sulla base del numero dei follower (già il fatto che sia apparentemente capace di contare in realtà ci dovrebbe stupire), ultimamente il buon Maurizio non si fa mancare i retweet alle bufale meno credibili del web (ed è una bella lotta), tra cui un'immagine volutamente ironica il cui si accusa Jim Morrison di essere un rapinatore slavo.
Ok, dopo questa breve ma pregnante rassegna, parliamo di chi invece ha rilanciato la propria carriera usando i social in modo intelligente:

Gianni Morandi
Partiamo da questo presupposto: fino al 2013 si parlava già un sacco di Morandi sul web, ma in riferimento a una certa leggenda urbana che non citerò per evitare di ampliare la mia collezione di querele (insomma, avete capito, dai). Cosa poteva fare il povero Gianni a quel punto? Inventarsi una "fama" nuova e ben più socialmente accettabile: quella di bonaccione e cuore gentile, disposto a prendersi un po' in giro da solo e con una buona parola per tutti. Non so se abbia dietro qualche eminenza grigia o se sia tutta farina del suo sacco, ma sta di fatto che la pagina Facebook di Morandi è un esempio di *personal branding* che dà la paga a tutte le web agency e socialmediacosi d'Italia. Sì, non c'era bisogno di Selvaggia Lucarelli per accorgersi che, ovviamente, anche Morandi ha qualcuno che cura la sua comunicazione online (e non la moglie Anna), ma in fondo anche se il suo è un personaggio costruito a tavolino, chi se ne frega? Quando leggi didascalie come "devo stare attento alle minchie di mare" e a svariati commenti guasconi, è davvero difficile non volergli bene. A lui o al suo social media manager, cambia poco… anche se delle foto quando si ferma all'Autogrill potremmo fare anche a meno.

Bonus Stage: storia della maschera di V per Vendetta, l'anarchico rivoluzionario della Warner Bros

Remember remember the 5th of November: stiamo parlando dell'anniversario della congiura delle polveri, in cui le bacheche di Facebook sono prevedibilmente intasate da citazioni di V per Vendetta, insieme a slogan di provata efficacia alle assemblee scolastiche e alle feste del Dams come "Vaffankulo il governo!1!!" "Asta la revoluscion" o "Peppe Grillo Presidente!!1!1!". A connettere il messaggio ambiguamente rivoluzionario del film (e, per i pochi che se la cagano, della graphic novel) con le manifestazioni che intasano il traffico, i costumi di carnevale e la *teenage angst* è stata l'ormai celebre maschera di Guy Fawkes, nota ai più come "Maschera di V" (o, meglio, di "Vù").
La storia di questo simbolo e della sua adozione a vario titolo nel linguaggio di internet e nella cultura popolare globale è piuttosto curiosa. La semiotica mi ha sempre affascinato, portandomi a studiarla all'università. Non mi poteva affascinare ingegneria meccanica o farmacia? Comunque, la mia passione per la semiotica, oltre che al precariato, mi ha portato all'insopportabile tendenza a rompere le balle agli amici dopo il cinema con analisi interpretative del film che non interessano a nessuno e all'insano gusto nello sviscerare il significato dietro ai simboli mitici e al loro utilizzo nella cultura di nicchia e/o di massa. Che è quello che farò ora con la maschera di V. L'occasione merita addirittura una breve cronologia, se permettete.

1605 – Guy Fawkes: se alle elementari avete avuto una brava maestra d'inglese, vi avrà sicuramente spiegato chi era Guy Fawkes e cosa ha fatto (la congiura delle polveri, attentato fallito al Re e al Parlamento inglese il 5 novembre 1605). Forse però non molti si rendono conto che il buon vecchio Guy difficilmente si può considerare "uno della ggente", quanto un nobile cattolico che voleva metterlo in culo ai protestanti e fare un bel colpo di stato con i suoi altri amichetti di buona famiglia.

1982-1989 – V for Vendetta (graphic novel): in effetti dire che tutti conoscono il film ma nessuno il fumetto (o graphic novel, per i più ggiusti) sarebbe un'imprecisione, in quanto un sacco di hipster lo hanno inserito, in tempi sospetti, tra le proprie letture d'ordinanza. Ciononostante, mi scusino i fan di Alan Moore, l'influenza culturale odierna del fumetto è assolutamente marginale rispetto a quella del film.

2005 – V for Vendetta (film): è con l'opera ideata dai fratelli Wachowski che la maschera di V, pardon, di Guy Fawkes, entra nella cultura popolare contemporanea. Il film è un buon adattamento del fumetto che coinvolge lo spettatore giocando volutamente su una valorizzazione timica (cioè emozionale) dei personaggi un po' furbetta: V rappresenta, anche fuor di figura, la ggente che si ribella al tiranno. In realtà, attenzione: il messaggio rivoluzionario e anarchico della Warner Bros è ovviamente all'acqua di rose, in quanto azzardare un paragone tra l'Inghilterra post-atomica e fascistissima di V e i nostri attuali governi è un pelo pretestuoso, e lo stesso V in realtà più che un novello Che Guevara è fomentato nelle sue azioni terroristiche dalle torture subite dal "governo bastardo" come cavia; se proprio bisognava prendere una figura simile come simbolo della rivoluzione eroica, allora non è forse meglio Sephiroth di Final Fantasy VII, che c'ha il mantello più figo?

2007 (circa) – 4chan: tra i meme nati sulla famigerata board anonima e diffusi poi in modo più o meno legittimo in tutti gli angoli dell'internet manca l'Epic Fail Guy, ormai dimenticato. EFG altro non era che un omino stilizzato con la maschera di Guy Fawkes, protagonista di svariate vignette dalla grafica paragonabile a quelle dei rage comics, il cui attributo identitario è la sfiga. Probabilmente EFG nasce e si diffonde in realtà come un'interpretazione autoironica, se non critica, dell'accostamento della maschera di V all'iconografia dell'Anonymous di 4chan, in giacca, cravatta e passamontagna verde. Il significato dell'iconografia dell'*Anon* rimane infatti fortemente ambiguo: da una parte è già associato a slogan come "Anonymous is legion, we do not forgive, we do not forget, expect us" che lasciano trapelare l'ispirazione diretta al film dei fratelli Wachowski; dall'altra rimane ancora tangibile lo spirito guascone e disimpegnato, associato stavolta a un altro slogan: il "we did it for the lulz", lo abbiamo fatto per divertirci. Entrambe le filosofie ispirano le prime azioni di "terrorismo spiccio" dei neonati Anonymous, su internet e fuori, come fu il caso dell'Operation Chanology, che oppose la maschera di Guy Fawkes a, pensate voi, Scientology.

2009 – MoVimento 5 Stelle: la V maiuscola è fortemente voluta, anche se di solito viene dimenticata. Questo perché il prodigioso partit... ehm, moVimento di Casaleggio, Grillo e Byoblu della GGENTE ha sempre amato accostare la propria mitologia culturale a quella del film della Warner Bros, a partire appunto dai V-day dai quali è iniziato tutto: V per Vendetta o per Vaffanculo, non è in fondo la stessa cosa? Ora, non sto a parlarvi dell'ipocrisia della retorica del "mandiamoli a casa!1!" e "abbasso la Ka$ta", dei meriti e dei demeriti di Grillo e compagnia danzante, che c'è tutta una letteratura a proposito e l'ultima cosa di cui voglio scrivere è la politica. Ma è indubbio che ci sia stata un ispirazione retorica, magari anche involontaria, dal V del film, il Cittadino Ideale. Oh, meglio quello che Pontida per i leghisti, non dico di no.

2010 – Gruppi Hacker: si è detto, brevemente, di come l'iconografia dell'Anonymous di 4chan nasca come una guasconata e diventi progressivamente seriosa. Da 2-3 anni a questa parte, Anonymous è entrato nella cultura popolare come il nome di un misterioso e affascinante gruppo hacker con varie propaggini locali, glorificato da giornalisti scarsamente documentati su repubblica.it. Il simbolo è sempre è comunque la maschera di V. Dal momento che c'è gente che sugli Anonymous di oggi ci ha scritto libri, l'argomento necessiterebbe approfondimenti che ora non mi posso permettere.

Dal 2011 ai giorni nostri – Rivolte e manifestazioni: anche in questo caso non vi sto a parlar male del movimento Occupy, a fare ironia sugli eccellenti risultati della tanto decantata Primavera Araba o a farmi domande sulla bontà dell'ideale rivoluzionario dei liceali con la maschera di V che mi fanno arrivare tardi in ufficio bloccando il traffico (le altre conseguenze di tali manifestazioni, a parte i giorni di assenza e i postumi da sbronza dei partecipanti, sono al momento ignote).

Bene, siccome ho azzardato una prospettiva "semiotica", mi pare coerente evitare di concludere il tutto con giudizi lapidari come "V per Vendetta è stato sputtanato peggio delle magliette del Che" o "la maschera di Guy Fawkes/V è diventato un simbolo blandamente trasgressivo e, di fatto, assolutamente consumistico". L'interpretazione infatti, come dice il buon Umberto Eco, è sacra ed è in mano al lettore.

IV - DAI MEME AL META-HUMOUR

Introduzione:
ma di che diavolo stiamo parlando?

Ecco, siamo arrivati al capioletto che una nicchia di sociopatici attendeva con ansia dall'inizio, mentre quei tre gatti che l'hanno comprato a caso su Amazon perché la copertina sembrava carina lo leggeranno con il cipiglio stampato in fronte, o salteranno a piè pari. Come probabilmente avrete notato, nel corso di tutte queste simpatiche amenità descritte fino ad ora, mi sono dovuto barcamenare sul piano della *normalità*. I social network sono *normali*, ad esempio, perché vengono usati dalle persone normali, come vostra zia che dà sistematicamente il buongiorno con immagini dei Minions, il salumiere pederasta che scrive oscenità sotto le foto di modelle quindicenni, o il capufficio che si iscrive ai gruppi di contatto tra trans con il suo profilo pubblico. Aspetta, dite che ho sbagliato esempio? Dite forse che la *normalità* non esiste davvero da nessuna parte, e quindi tantomeno su internet? Mi sa che non avete tutti i torti, eh.

Quella che io definisco, forse impropriamente, *sottocultura* di internet, è basata su contenuti e linguaggi che nascono sul web, e come tali tradizionalmente appannaggio di noi strani individui che non seguiamo il calcio e puliamo le lenti degli occhiali solo quando ci accorgiamo di non vedere più fuori. Ma la suddivisione tra *nerd* e *modaiolo* non esiste più, per fortuna o purtroppo, la fluidità di internet ha incasinato un po' tutto e personaggi come PewDiePie o Andrea Diprè, che i fighettini che puoi incontrare per caso all'aperitivo ormai conoscono meglio di te, hanno fatto cadere le ultime barriere rimaste.

Ciononostante, penso che valga ancora la pena di fare una distinzione, almeno a livello di contenuti, tra quello di cui parlerei senza imbarazzo a un collega di lavoro e quello che... beh, insomma, avete capito, no?

L'origine della sottocultura di internet: LUE, YMTND e altri posti loschi

Più o meno tutti sanno che i meme e la sottocultura di internet derivano da quel sito creato nell'ormai antico 2004 e conosciuto da cani e gatti, cioè 4chan (sì, le *regole 1 e 2* in teoria mi vieterebbero di parlarne, ma non credo che abbiano più grande senso già da un po'. E comunque, valgono solo per i *raid*). Ciò è in realtà inesatto: è più corretto dire che 4chan ha cementato e dato visibilità a quelli che prima erano chiamati "fad" o semplicemente "tormentoni": robe tipo la gif della scimmia che si annusa il dito con cui si era grattata il deretano e sviene (sì, proprio quella, lo so che ti si è accesa una lampadina), *Peanut Butter Jelly Time*, o segmenti di perversione culturale come il mitico *All Your Base Are Belong To Us* del 2001, considerato il primo meme di diffusione massiccia.

Parliamo di 1999-2003, per capirci. Perchè questo tipo di contenuti raggiunga una diffusione virale servono delle comunità, dove le cose "buffe" della rete possono man mano passar di voce e magari finire addirittura sui *portali*, quegli accrocchi di link che oggi non si fila più nessuno ma all'epoca erano più trafficati di Google: ebbene, prima che falangi di harvardiani affamati di vil danaro ci donassero il concetto di "social network", i nerd (perché chiunque usava il web al fine di sviluppare rapporti sociali all'epoca era nerd e/o pervertito) sprecavano il loro prezioso tempo in quelle piccole e tremende comunità tematiche chiamate *forum*, spazi di moderata perversione e estremo cazzeggio, oggi spesso e volentieri dimenticati, dove si discutevano i grandi dilemmi dell'umanità (Tifa di Final Fantasy VII porta la quinta o la sesta? È più forte Goku o Vegeta? Nella pasta col tonno ci va il parmigiano o no?).

In queste comunità, composte al 99% da un miscuglio di bimbominkia ante litteram, universitari fancazzisti e trentenni *basement dwellers* o cazzeggiatori durante le ore di ufficio (non è cambiato molto, in fondo), vigeva la sacra regola "no women on the internet" (chi si fingeva donna di solito erano maniaci sopra i 150 chili, i troll e quelli del New World Order) e si discuteva prevalentemente di troiate assolute: ciò ha predisposto due generazioni ad abituarsi a sprecare il loro tempo libero condividendo cazzate su internet, e ha posto insomma le basi per la diffusione dei meme. Benchè i personaggi che popolavano i forum fossero talmente disperati da frequentarne spesso più di uno alla volta, portando alla formazione di una sorta di uno slang da forumisti di cui fortunatamente ho poca memoria (ero un *forumfag* anch'io, ovviamente), la diffusione di contenuti era virale solo in casi ecclatanti (tipo il già citato All Your Base, che nel 2001 e nel 2002 era dappertutto), data la frammentazione in nicchie tipica di quelle comunità, il cui tema portante erano però ancora i media tradizionali (videogiochi, musica, fumetti e cazzi veri) e non esistevano spazi dedicati SOLO alla cultura di internet.

"E quindi 4chan è stato il primo di questi spazi dedicati unicamente alla cultura del web!", direte voi. "Signora Longari, lei mi casca sull'uccello!" dirò io. Perchè è semmai giusto dire che è stato il primo di questo genere di spazi ad aver avuto una diffusione di massa. Prima del famigerato sito creato da Moot, erano già apparse sulla rete diverse comunità autorefenziali, di solito estremamente di nicchia, dove l'incontro tra un certo numero di ubernerd schizoidi ha portato alla nascita di meme che hanno poi avuto una certa diffusione esterna; è il caso della board LUE (Life, Universe and Everything) del forum di gamefaqs.com, poi diventata privata, che ha portato alla diffusione meme ormai dimenticati come LUEshi (l'ascii art di Mario in groppa a Yoshi…sì, la cosa rende perplesso anche me), nonché i primi *shock-site* (tra i più celebri Goatse e Tubgirl, se siete brutte persone e intendete cercarli su Google… fatelo a vostro rischio e pericolo, e comunque non in ufficio, vi ho avvertito). Oggi LUE è ricordata da qualche vegliardo come antenato di 4chan sotto vari punti di vista, ma ci sono sicuramente state altre comunità di questo tipo di cui ignoro bellamente l'esistenza.

Gli albori di Youtube hanno sicuramente influenzato potentemente la sottocultura, visto che *il tubo* si basa sul principio di viralità e i primi video di successo sono state cazzatelle come il Dramatic Chimpunk o il Numa Numa Guy che meritano la menzione di vecchi meme. Sta di fatto la diffusione virale di contenuti video fatti in casa e demenziali non è tutta farina del sacco di Youtube; chi all'epoca (2000-2005) bazzicava i forum si ricorderà senz'altro dei video in flash di Newsground (prevalentemente orientati all'ambito dei videogiochi, e pertanto lontani da essere veri e propri meme) e di YTMND, acronimo di "You're the man now, dog!", sito geniale dove una gif o una breve sequenza di immagini, accompagnate da un clip sonoro, diventavano un video in loop. YTMND, oltre a lanciare meme storici come *Nigga Stole my Bike* (quest'ultimo poi rilanciato negli ultimi tempi visto che il razzismo fa tendenza, strano che Salvini non lo abbia ancora twittato), ha avuto un ruolo cruciale nella storia della "nostra" sottocultura visto che la semplicità di creazione dei contenuti ha reso possibili pratiche di *mashup* da parte degli utenti dei contenuti preesistenti, permettendo così la generazione massiccia di contenuti originali a partire da un frame culturale preesistente, di solito grazie al nuovo effetto di senso dovuto allo sconvolgimento del contesto; la stessa cosa che succede con quelli che siamo abituati a chiamare *meme*.

Sì, so benissimo che i giri di parole delle ultime righe vi hanno instillato perplessità e sgomento: tranquilli, torno subito a parlare di vaccate.

L'epoca d'oro di 4chan: "The asshole of the internet"

Inutile che vi spieghi cos'è 4chan, perché se aveste avuto il minimo interesse a proposito lo sapreste di già; ritengo più utile esplicitare il suo valore, ormai più che altro simbolico: il sitarello creato da un allora quindicenne Moot (poi diventato un mito/zimbello e ritiratosi solo nel 2015 dopo undici anni di onorata carriera) lo si può amare o odiare, ma è indubbio che sia considerato la Mecca dei cultori dei meme, della sottocultura di internet e in generale della roba da *giappominkia*. Se nomini un meme a caso originatosi dal 2005 al 2009 quasi sicuramente è nato o comunque si è diffuso su **/b/** (tra le oltre 50 board di 4chan, **/b/** da sola raccoglie oltre la metà dei contenuti, è l'unica sezione caotica al 100% guadagnandosi meritatamente l'appellativo "random") prima che nel resto del web.

La migliore definizione che abbia mai letto di /b/ la si trova su Encyclopedia Dramatica (che sta un po' a 4chan come i vangeli stanno a Gesù, scusate per il paragone): *"/b/ is the asshole of the internet"*. Assolutamente appropriato. Essendo l'unica imageboard di successo in occidente, 4chan ha quattro caratteristiche che la rendono unica e ne hanno sancito il successo virale enorme a partire dal suo lancio nel tardo 2004:

1. È, appunto, un'imageboard, quindi per aprire un thread bisogna per forza postare un'immagine, che spesso e volentieri vengono usate in rapporto di senso preciso col testo nelle risposte: questo formato da solo ha permesso all'immagine su internet di resistere all'attrattiva del video e rimanere come la forma di contenuto grafico più diffusa. Almeno fino ad ora;

2. È (quasi) assolutamente anonima, quindi i peggiori stronzi dell'internet si sentono protetti a postare e scrivere qualunque cosa. Da qui il razzismo estremo, il cinismo, la misantropia e in generale il tono "senza compromessi" che è diventato tanto convenzionale da diffondersi persino nel web per nulla anonimo (come tante pagine Facebook più o meno decenti), oltre alla diffusione di un certo tipo di... performance (come le *camwhore*

e cose simili) che non sarebbe stato possibile in ambienti dove chi scrive è rintracciabile;

3. Non ci sono limiti di contenuto, eccetto il porno pedofilo; essendo l'unica vera regola, l'unico modo per violarle è appunto postare quello che da queste parti è definito CP: da qui la fama inquietante e tutto sommata lontana dalla verità di 4chan come congrega di potenziali pedofili, e lo stesso successo dell'ironia (si spera) di *Pedobear.;*

4. È la board più frequentata di tutto l'internet, quindi la quantità di contenuto è enorme e la vita effettiva di un singolo thread di solito va dai 15 secondi alla mezz'ora. Questo fattore, cruciale visto che la temporaneità dei post (se non vengono archiviati su siti esterni, ma è un altro discorso) è la base stessa del suo successo, ha reso impossibile l'affermazione di imageboard rivali, semplicemente perché senza la quantità enorme di partecipanti non puoi essere al livello di 4chan.

A causa dell'estrema volatilità dei suoi contenuti (eccetto gli screenshot che diventano meme, ma difficilmente sono granché rappresentativi) è difficile valutare l'evoluzione di 4chan al fine di riassumere la sua storia e soprattutto la rilevanza nel mondo dei meme; diciamo che fino circa al 2008 /b/ si è contraddistinta per la diffusione di immagini repostate ossessivamente senza alcun effetto di senso particolare se non appunto il nonsense (*If i see that fucking cat one more time, Cockmongler* etc.), oppure veri e propri meme, basati non tanto sui caption quanto sulla reiterazione dell'elemento grafico stereotipato in date circostanze, diffondendosi poi gradualmente nel resto delle comunità online. A differenza dei "giorni nostri", dove l'uso di siti esterni ai chan dedicati alla diffusione di contenuti preesistenti e alla generazione di nuovi è massiccia, ai tempi molti meme rimanevano "chiusi" dentro 4chan, con la presenza ciclica su /b/ di *repost* la cui diffusione massiccia poteva durare una settimana o qualche mese, ma difficilmente di più (non è un caso se meme dimenticati hanno avuto dopo alcuni anni un'improvvisa diffusione su scala molto più vasta, come nel caso di *Dat Ass*, o *Pepe*). L'influenza totale che /b/ aveva in quegli anni sulla sottocultura e la scena dei meme è dimostrata dal fatto che l'esplosione di queste simpatiche corbellerie sui social media (Facebook in Italia, Reddit e Tumblr, tra gli altri, in ambito internazionale) non sarebbe stata possibile senza /b/. Non è un caso se tre delle tendenze che hanno avuto un'espansione fortissima in tutto il web originino da 4chan: sto parlando ad esempio dei *Demotivational Poster*, dei *Rage Comics* e degli *Advice*

Animals. Che poi questi "generi" di meme abbiano tutti fatto una bruttissima fine, prima completamente decontestualizzati e poi finiti nel dimenticatoio, è un po' un altro discorso e non è nemmeno colpa di 4chan.

E poi? La diffusione enorme di tutto ciò cambio il mondo dei meme, Facebook cambio il mondo dei meme, Know Your Meme cambiò il mondo dei meme, Memegenerator cambiò il mondo dei meme, eccetera. E siccome il mondo dei meme, all'epoca, era solo e soltanto 4chan, 4chan stesso inevitabilmente cambiò. E quindi, è arrivato il momento di parlare di…

La sottocultura di internet ai giorni nostri

Bene, quindi, se la *sottocultura* di internet nata in qualche modo su 4chan si è gradualmente espansa un po' dappertutto nel web dal 2007 in poi, dov'è diffusa maggiormente oggi?

"Su Facebook!" dirà qualche sapientone dell'ultima ora. Certo, nel web italiano si è manifestata nelle sue forme più "popolari" (e, se vogliamo dirlo, peggiori) nel social network zuckerberghiano, coinvolgendo un pubblico che, secondo alcuni, non dovrebbe averci niente a che fare; a parte alcune nicchie poco significative (chan privati italiani, forum frequentati da quattro gatti) in effetti la sottocultura di internet italiota è tutta lì. Ma la sottocultura internettiana anglofona, che è quella che conta veramente, è in realtà molto meno facebookdipendente di quanto si possa pensare. A farla da padrone sono altri siti, tutti *social oriented*, nati come cassa di risonanza di 4chan e che col tempo hanno visto la nascita di vere e proprie comunità di *memehunters* in grado non solo di dare nuova diffusione a meme preesistenti, ma di crearne di nuovi. Un tratto in comune di questi siti è che sono basati su una meritocrazia democratica, che mette in evidenza le immagini con più *like* e meno *dislike*, dando così grande visibilità ai contenuti ritenuti più meritevoli dalla comunità. Un'altra prerogativa è l'intertestualità, la nascita di immagini che remixano altre contribuendo così di fatto alla diffusione di una singola unità di forma e di contenuto, cioè quello che noi siamo abituati a chiamare meme.

È così che funziona **Reddit**, popolare sito di *social bookmarking*, che di fatto ha superato il rivale Digg per importanza proprio grazie all'enorme successo di subreddit come */f7u12* o */adviceanimals*, che hanno in generale portato a un enorme proliferazione di OC (original content) su tutto il sito. Reddit è una figata per aggiornarsi sugli ultimi trend, anche se è pieno di stronzi pretenziosi – ma del resto, questo vale un po' per tutto il web.

Simile è il caso di **Tumblr**, rete che riunisce vari microblog in un'interfaccia comune basata sul *reshare* dei post meritevoli; aldilà di un numero particolarmente fastidioso di quattordicenni con la reflex, femministe deliranti e hipster che lo riempiono di foto di cui si faceva volentieri a meno, se si riescono ad evitare tali soggetti Tumblr risulta un'ottima *repository* di meme, checché dicano alcuni detrattori con la puzza sotto il naso.

E poi ci sono altri siti che funzionano in modo simile, come **Funnyjunk, Memebase, Canv.as** e altri meno noti. C'è poi il caso di **9GAG**, odiatissimo dai */b/tard* di 4chan e in generale screditato dai più esperti perché ritenuto infantile, pieno di repost, e quindi di *cancer* (termine che, nel gergo della sottocultura, indica l'uso cinofallico dei meme ed equivale in un certo senso al nostro "bimbominchia"). Per me non è poi così da buttare, il problema è che il suo successo è dovuto più che altro a quei watermark di merda applicati a immagini prodotte da altre community.

Ci sono poi siti che fungono da "enciclopedia" della sottocultura su base partecipativa, come **Know Your Meme**, che classifica e spiega tutti i fenomeni di internet (e c'è pure la pagina di Er Pelliccia creata da me, se posso permettermi un po' di futile vanteria), o come supporto che rende la creazione di contenuto originale possibile anche a chi non è capace nemmeno di usare Paint, contribuendo così alla diffusione massiccia di nuove immagini, come **Memegenerator** per gli advice animal o **Rage Maker** per i *Rage Comics*. Quando ancora qualcuno se li filava, certo: dopo un breve periodo in cui trovavi la maglietta con la Trollface nel mercatino al posto di quella "Dalla non è un cantante ma un consiglio", sono caduti nel dimenticatoio, e ora al massimo la trovi indossata da un ottantenne sdentato che evidentemente ha nel guardaroba solo rimanenze di mercato di tre anni fa. E, in fondo, va bene così.

Bene, siamo arrivati alla storia temporanea. I meme, ora più che mai, sono usciti da una nicchia di *basement dweller* smanettatori e hanno raggiunto un pubblico più ampio, non necessariamente più giovane o più stupido, ma sicuramente meno "nerd", almeno nel senso convenzionale del termine. Oggi non è difficile trovare ragazzini sull'autobus che sciorinano meme come se fossero figurine della Panini, e la volta che ci scappa di citare qualche nerdata in real life c'è addirittura la possibilità che qualcuno di insospettabile ci possa capire. Non siamo più soli. È una cosa positiva questa? Non lo so e credo che non sia possibile dirlo ora come ora.

Il meta-humour salverà l'internet?

Per meta-humour (o humor, se vogliamo fare gli amerrigani) si intende quel tipo di umorismo autoreferenziale che si basa su una serie di riferimenti culturali da cui si distacca ironicamente. Nel mondo di internet, viene associato comunemente allo storpiamento ironico, alla presa per il culo di chi prende i meme sul serio (tra l'altro, fatta quasi sempre da persone che prendono i meme dannatamente sul serio) e ad un certo qual gusto per il nonsense e/o l'assurdo. Sono meta-humour meme (sì, usare questa parola è considerato politicamente scorretto in questo ambiente, ma per capirci) come *Spurdo*, *Shrek* (che percula i *fandom*), *Dankey Kang*, le prese per il culo agli anime e ai videogiochi da parte di persone che amano alla follia gli anime e i videogiochi, in origine anche il celebre *Doge*, che prima di diventare a sua volta trito e ritrito fino al fastidio altro non era che un perculamento alla supposta degenerazione dei *Lolcats*.

La scena "social" della sottocultura di internet in generale si è progressivamente spostata da Facebook a siti come Reddit e Tumblr, principalmente per due motivi. Il primo è il cosiddetto *cancro di internet* di cui vi avevo già parlato, e non sto ad approfondire, né a negare che sia ben presente anche su Reddit e Tumblr, ma su Facebook è uno psicodramma senza fine. Il secondo è la predilezione del buon Zuckerberg e della sua truppa di scimmie ammaestrate a dare corda a qualunque sedicenne finto-trasgressivo o cinquantenne mononeuronale che segnala come contenuto offensivo un capezzolo o una battutina, provocando una pioggia di sangue tra le pagine che pubblicano contenuti un po' controversi. Queste due circostanze assolutamente funeste hanno recentemente portato però anche a un fenomeno positivo: la proliferazione di nuove pagine dedicate quasi completamente al meta-humour.

Questo tipo di umorismo ovviamente non fa per tutti, ci vuole una certa deviazione mentale per ridere come dei decerebrati davanti a foto di gatti che mangiano la pizza (noo, a me non succede proprio mai, guarda…). Ma è proprio questo il bello; la scarsa accessibilità alle masse di *plebs* di tali contenuti li preservano dalle solite degenerazioni, e la mancanza di qualunque contenuto sessuale o razzista esplicito (quelli impliciti di regola sfuggono ai segnalatori) li preserva dal ban. Ciò ha portato alla diffusione in epoca recente di un microcosmo di paginette che mettono questo tipo di immagini stronze ma meravigliose, che secondo me rappresentano un po' l'unica possibilità di sopravvivenza della sottocultura nell'internet massificato di oggi (sì, affermazione terribilmente edgy questa, ma ditemi che non è così). Da parte mia, vi consiglio di seguire le seguenti (se i link non funzionano, non sono io ad essere una capra, ma è la pagina che è stata bannata nel frattempo):

4chong page that actually posts stuff from 4chan: nuova pagina della famigerata *"4chan page that actually posts stuff from 4chan"*, è la dimostrazione di come il banhammer zuckerberghiano abbia costretto le pagine orientate all'umorismo "channaro" a una deriva meta, più edgy e meno bannabile. Resta qualche riferimento ai meme ma solo quelli di board di nicchia come /fit/, /sp/ o /int/.

I don't like shit, I don't go outside: Già dal nome, questa pagina si concentra su una nicchia particolare di dissociati, cioè gli hikikomori o chi ha intenti suicidi più o meno ironici, e spesso le due cose coincidono. In generale, questo tipo di umorismo crudelmente autoironico piace a tutti i dissociati, e infatti ha oltre 100k likes per un motivo.

Everything is a social construct: simile alla pagina di sopra per temi e stile. Il fascino di questo tipo di umorismo autodenigratorio è che non si capisce bene quanto si prenda sul serio. Dopo un certo livello di "strati" di ironia, resta solo il nonsense. E il nonsense, in fondo, ci piace alquanto. Poi del resto, sì, tutto è una costruzione sociale

Being noticed by Senpai: pur con certe caratteristiche da pagina "tradizionale", come le firme degli admin e la tematizzazione generale sugli anime e sul meme che ne dà il titolo, l'umorismo di Being noticed by Senpai è quasi sempre *meta*, con picchi di altissima qualità.

Creme de la meme: tra i duri e puri del meta-humour, Creme de la Meme si contraddistingue per la frequenza incessante dei post e per un conclamato gusto per gli aspetti più ricercati del nonsense. Si va di stati completamente a cazzo, tipo "I feel sorry fo you mather" a quindici foto una dietro l'altra di biciclette elettriche; spesso si pubblicano vignette che "non fanno ridere", specie se condivise da pagine generaliste indirizzate a creature mononeuronali come Laughing Colors. Recentemente è stata bannata, ovviamente è spuntata fuori una seconda pagina che però ha perso decisamente mordente.

Nigga you just went full plebeian: come suggerisce il nome, è una pagina elitista che prende per il culo gli elitisti. Da seguire più che altro perché fa un po' da filtro alle varie micropagine condividendo la roba migliore, ovviamente se meta-oriented.

E le pagine italiane? Devo dire che le bazzico poco, in quanto le pochissime che meritano tendono a venire bannate o a sputtanarsi. Se fino a poco fa era rarissimo trovare pagine nostrane che non condividessero umorismo pressapochista o barzellette di 20 anni fa, a parte qualche raro caso come **La Lega degli straordinari PGG** o **VHS Mafia**, ultimente è nata una bizzarra fioritura di avamposti dedicati al meta-humour, più o meno originali e più o meno interessanti, tra cui cito **Oznerol** e **Hai già scelto che gif mettere sulla tua lapide?**
Ecco, mi piacerebbe lanciare una pagina simile per conto mio, non lo nego, il problema è che faccio **l'editore digitale** e quindi NON. HO. MAI. TEMPO.

Il Vaporwave:
finalmente l'internet ha la sua musica

Dopo aver parlato del meta-humour, questa volta, non contento, vorrei entrare ancora più dentro il mondo delle "stranezze" (non pornografiche) di internet che, forse, tanto strane alla fine non sono. Per me è più bizzarro che Piero Pelù sia diventato l'idolo delle folle ora che fa schifo o che si faccia tanto clamore per una trovata di marketin…ehm, una suora che vince un reality, rispetto al gusto di una nicchia di individui bizzarri nel glorificare il movimento musicale/artistico (!?) che ha finalmente dato un retroterra concettuale al nonsense internettiano. Perché in fondo il vaporwave è proprio questo.

Sto vaporwave, a differenza di credo qualunque altro fenomeno di internet, nasce come genere musicale, che assurge a popolarità nel 2012 grazie anche a un brillante articolo su dummymag.com (che vi consiglio di consultare se vi interessano tutte le specifiche tecniche e anagrafiche che non sono in grado/non ho voglia di darvi). Dal momento che i tempi della sottocultura internet sono estremamente più ristretti di quelli della cultura pop tradizionale, nel 2013 i nomi grossi del genere (INTERNET CLUB, VIRTUAL, New Dreams LTD) si sono disgregati o trasformati in qualcos'altro. Nel 2014 il vaporwave è al contempo dato per morto e più vivo che mai, dato che la sua eredità è stata colta a livello musicale da una diaspora di microetichette nel pieno rispetto della teoria Andersoniana della coda lunga, e a livello iconografico da… varie pagine facebook.
Del resto, più che i "contenuti" musicali (fondamentalmente, sample di colonne sonore di spot aziendali o "musica da ascensore" degli anni '80 e '90 rallentati e incollati pigramente tra loro), a condensare la mitologia retrò del vaporwave è stata l'iconografia dei nomi dei brani e delle cover art: un grottesco pastiche di mitologia tecnologica degli anni '80 e '90 (VHS, ma soprattutto Windows '95 e '98), cultura trash/pop di quell'epoca (e quindi, cromaticamente agghiacciante), un vago feel distopico che mischia futuro e passato recente (del resto, ha davvero senso separarli ormai?), reminiscenze dichiaratamente nipponiche e teste apollinee qua e là. Il tutto, mantenendo sempre una grottesca simmetria

approssimativa, del resto parimenti alla musica.

E quindi, per quale motivo sta roba dovrebbe essere interessante? Beh, pensateci: il vaporwave risucchia frame culturali che hanno completamente perso il valore originario (se mai ne hanno avuto uno) e li mischia insieme creando un artefatto e bizzarro senso di nostalgia che ineluttabilmente colpirà i nati negli anni '80 o primissimi '90. Beh, in fondo, non è un po' tutta la sottocultura di internet a funzionare in questo orrendo e splendido modo? Vabbè, vista la natura fluida e ridondante del microverso vaporwave, mi pare alquanto palloso continuare a menarla sulla sua mitologia, sui valori simbolici, esoterici e salcazzo cosa. È abbastanza facile arrivarci da soli, comunque. Se sta roba vi ha incuriosito, scopritela.

Qui alcuni artisti "classici" (ma, come ho detto, fate prima a scoprire da soli cosa sta andando adesso)
INTERNET CLUB
MACINTOSH PLUS
Macross 82-99
ECCOJAMS
SAINT PEPSI (ma già meno "duri e puri")

E qui alcune pagine che traboccano di elegante iconografia vaporwave (vi prego solo di non mettervi a commentarle con memi o cagate, che mi fareste sentire in colpa):
Freddy YOLO (la più famosa)

悲しく '95'

Your Memes 貴方のミーム

Vapor Art

Cosa resterà di questo 4chan

Come ho già accennato, anche 4chan, un tempo isola felice per chi cercava contenuti originali e umorismo veramente controverso, è in linea generale diventato l'ombra di sé stesso, in particolare la board /b/ che un tempo era il suo vanto, è ormai da anni inguardabile (beh, a meno che non siate alla ricerca di pornografia ridanciana). Alcune delle altre board invece non si sono sputtanate completamente, o almeno non ancora; in generale, meno sono frequentate, meno bimbiminkia sono arrivati a impestarle, e quindi meglio si è mantenuto un certo livello di qualità (beh, sempre secondo la logica di 4chan, ovviamente). Inoltre, dopo vari casi in cui i moderatori del quarto canale non hanno fatto una bellissima figura (es: il Gamergate, con presunte infiltrazioni di, dio ce ne scampi, Social Justice Warriors), sono tornate in qualche modo alla ribalta le imageboard alternative, in particolare 8chan.

Ora, se io fossi un giornalista o comunque una persona seria, in questo capitolo vi presenterei una panoramica di questo microcosmo all'alba del 2016; dato che non appartengo a nessuna delle due categorie, mi limiterò a raccontarvi delle board di 4chan che frequento io e che reputo in qualche modo decenti. Anche perché, fidatevi, certe congreghe di disagiati è meglio che non le conosciate nemmeno.

/FIT/

A prima vista, il più grande covo virtuale di nerd e *basement dwellers* al mondo non sembrerebbe l'ambiente migliore per ricevere consigli corretti sul proprio fisico e la propria salute; e in effetti a volte è davvero così. Vuoi diventare come Brad Pitt in Fight Club? /fit/ ti dice di non fare il fighetto e seguire il programma noto come SS (*starting strenght*, consigliato ad aspiranti bodybuilder). Vuoi migliorare la tua forma atletica? /fit/ ti ordina di non metterti neanche per sbaglio a fare cardio (corsa, cyclette etc.), se no ti puoi scordare i *gains*. Vuoi perdere peso? /fit/ ti consiglia di fare l'*SS GOMAD* (cioè con un'assunzione smodata di calorie). Vuoi un fisico che faccia girare le sbarse? /fit/ di dice di lasciare perdere con queste cazzate e piuttosto di metterti a guardare i maschioni che si fan la doccia. N-no homo (che, più che un meme, è lo slogan di /fit/, autoproclamatasi la board più gaia di 4chan, al punto tale che recentemente è stata creata /lgbt/ che però non può ancora competere).Magari esagero, ma io intravedo nella sottocultura /fit/ (che, ricordiamocelo, ha sfornato alcuni dei pochi meme che attualmente meritano una qualche considerazione, come *do you even lift, n-no homo, gli spaghetti stories, il >2015 >not doing starting x*) l'alba di un nuovo ideale di "homus internetticus" (il termine "nerd" ormai è troppo sputtanato e semanticamente ambiguo): introspettivo, sensibile, bi-curious, sempre e comunque autoironico, più dedito all'autorealizzazione di se stesso, non solo da un punto di vista intellettuale, che ai rapporti sociali. Non così lontano dall'idea originale del /b/tard smanettone, saccente e autistico, se ci pensate. Anche per questo motivo, /fit/ è riconosciuta da molti, per potenziale creativo e background culturale, come la vera nuova /b/. Un motivo più che valido per farci un salto, così poi magari vi viene voglia di muovere un po' quel culo flaccido.

/POL/

Se l'utente tipo di 4chan è considerato asociale, rancoroso, schizoide e dalle idee fascistoidi malamente represse, questa reputazione è in gran parte "merito" di /pol/, il cui sottotitolo "Politically Incorrect" la dice già lunga su cosa potreste trovarci. Appena succede qualcosa di grosso a livello di politica estera, lasciate perdere Twitter, Repubblica e il Fatto Quotidiano, ma fate invece un salto su /pol/: troverete troll, cospirazionisti, neonazisti e psicati di vario genere a esibire la loro acredine con post ridanciani e sensazionalisti. Ah, dite che alla fine i commenti sulle pagine Facebook dei giornali italiani non sono poi così diversi? Ora che mi ci fate pensare…

/INT/

Per certi versi una versione vagamente più moderata di /pol/, sulla board dedicata alle discussioni sulle varie nazioni potete trovare, oltre a sfottò di vario genere e dibattiti su quale popolo sia il più bianco, dei thread dedicati alla singola nazione o lingua. Quasi tutte le sere c'è *il filo*, dove vari anon italiani discutono di sfiga, facoltà universitarie, Ezio Greggio, politica e ancora sfiga. Personalmente, mi diverte molto di più assistere al *banter* tra nazioni differenti, soprattutto se una delle quali è l'Australia, rinomata per avere i peggiori utenti della rete.

/TRV/

Tra le board che non si fila mai nessuno e che, proprio per questo, mantengono dopo tanti anni una qual certa dignità, c'è /trv/. Se come me amate viaggiare, qui troverete varie testimonianze e consigli che potrebbero esservi più utili di tutti gli altri commenti sparsi in giro sul web, se non altro perché, se frequentate 4chan, è probabile che gli anon di /trv/ siano più simili a voi per interessi e attitudini rispetto all'utente medio di Tripadvisor (senza offesa, eh). Tra i thread ripetuti ciclicamente, spicca poco sorprendentemente quello sul Sol Levante (sì, lo confesso, proprio qui ho tratto un sacco di spunti per il mio ebook *"Un Gaijin in Giappone"*).

/BIZ/

Tra le board più nuove, su /biz/ si discute di finanza, gestione dei risparmi, scelte di carriera e, in generale, di come si fanno i *big moneys*. Sì, vedo già le vostre espressioni perplesse se non sbigottite: per quale motivo si dovrebbe parlare di sta roba su un'imageboard dedicata alla discussione della sottocultura di internet, di pornografia legata all'animazione giapponese e pertanto frequentata perlopiù da ragazzetti, NEET e svalvolati di vario genere? Beh, evidentemente molti di questi ragazzetti fancazzisti in fondo tanto scemi non erano, e col tempo sono cresciuti, hanno fatto pure carriera e, per qualche motivo, non hanno perso il vizio di frequentare 4chan. Oppure, se siete cinici, quelli che si vantano di guadagnare oltre 200k all'anno o di portarsi a casa plusvalenze clamorose in borsa con grande nonchalance, potrebbero in realtà essere dei disoccupati trentenni che vivono con la mamma e hanno investito in bitcoin i 100 dollari ricevuti dal nonno a Natale.

Bonus Stage: Katawa Shoujo
Non il solito porno giapponese

Bene, per allungare il numero delle pagine e farvi illudere di non aver buttato i vostri tre euro nel cesso, parliamo ora di un videogioco che però ha parecchio a che vedere con la sottocultura di internet con cui ve l'ho menata fino ad ora.

Il motivo principale che ti spinge a giocare a Katawa Shoujo è anche il forte motivo di imbarazzo se qualcuno ti chiede di spiegare che roba sarebbe. Cioè una visual novel romantica/erotica ambientata in una scuola per disabili. Eh, sì, suona male, ma al contempo siete abbastanza stronzi da essere eccitati o anche solo incuriositi dall'idea, eh? So che è così. Giocate/leggete pure Katawa Shoujo, si trova legalmente su vari siti. C'è un sacco di testo in inglese, vero, ma voi sapete leggere tranquillamente l'inglese, vero?) perché è una delle novità più interessanti degli ultimi anni, e non esagero, che vi coinvolgerà senz'altro se siete anche solo vagamente giappominchia. Ma per motivi completamente diversi da quelli che pensate voi.

La cruda verità infatti è che Katawa Shoujo (che vuol dire all'incirca "ragazze storpie") non è una collezione di battutine sulla disabilità e di rutilanti scene sporcaccione, ma racconta una serie di storie struggenti avviluppate tra loro che vi faranno piangere come delle donnicciuole. Prima che smettiate di leggere: sì, ci sono scene di sesso con ragazze cieche, sordomute, senza gambe, senza braccia o sfigurate. E sono anche una componente centrale della storia, come del resto il sesso lo è della vita, ma non nel modo che pensate voi. E, soprattutto, KS è in grado di regalarti *feels* e di farti riflettere come poche altre storie hanno fatto finora. E, ripeto, non esagero.

La singolarità dei contenuti e dello stile di Katawa Shoujo dipendono in realtà dalle sue alquanto singolari origini: da un racconto pubblicato online addirittura nel 2000 su delle ragazze disabili nascono diverse fanart, e nel 2007 uno sticky su /a/ di 4chan inizia a catalizzare l'interesse non solo dei giappominkia ma anche di veri e propri talenti: da lì nasce Green Leaf, un progetto di 21 "anonymous" (nel senso originale del termine, non quello dei ragazzini con la maschera di V che giocano a fare gli hacker) tra scrittori, artisti e programmatori che si concretizzerà con la pubblicazione della visual novel nel 2012. L'interesse per sto gioco delle giapponesine storpie prolifera nei chan e lo rende col tempo un fenomeno di culto. Sicuramente i temi inconsueti e il contesto morboso giocano la loro parte, ma il meritato successo "dal basso" di questa storia è frutto anche della sua indiscutibile qualità.

La struttura di Katawa Shoujo è in realtà estremamente lineare e *text-driven*: il giocatore legge lunghissimi dialoghi con i vari personaggi (o monologhi dell'estroverso ma pensieroso protagonista, che non è disabile in senso convenzionale ma soffre di aritmia cardiaca e teme continuamente che gli venga un colpo -NNNNNGGGHHHHH) e ogni tanto è chiamato a una scelta tra due o tre opzioni di dialogo; questi rari momenti di interazione sono cruciali, perché determinano a quale ragazza delle cinque si farà il filo e quale finale ci toccherà (per ogni ragazza ce ne sono almeno due. Sto cercando di completarli tutti, ma ci vuole del tempo). Queste scelte a volte sembrano irrilevanti, ma in realtà impegnano il giocatore/lettore che deve capire genuinamente come comportarsi con la ragazza a cui si fa il filo per avere successo. Del resto, i testi delle varie storie che si intrecciano tra loro sono di una profondità anomala per una storia tra liceali. A causa della loro disabilità, i personaggi sono particolarmente fragili ma al contempo maturi, e la loro caratterizzazione appare sorprendentemente credibile. La relazione tra il protagonista e le ragazze non è mai una banale storia d'amore e di sesso adolescenziale, ma progredisce in modo del tutto credibile. I disegni e soprattutto la colonna sonora contribuiscono a creare tensione, a ispessire il "peso emozionale" già alquanto consistente del testo e a conferire pathos ai momenti clou.

Il tema delicato dell'anormalità fisica (e, spesso e volentieri, psicologica) dei personaggi non è affrontato né con leggerezza né con falso moralismo, ma con qualcosa che non esagererei a definire "umanità". Che non ti aspetti di trovare in una visual novel romantico/erotica, ma si capisce bene che la genuinità della trama dipende dalle origini "underground" e amatoriali; un prodotto creato da una ditta per far soldi difficilmente avrebbe affrontato temi così scomodi con questa sensibilità così poco politically correct e quindi così tanto credibile. Le menate del *coming of age* le abbiamo viste sviscerate in tutte le salse, ma è proprio la non-normalità dei personaggi di Katawa Shoujo a rendere così credbili e piene di vita le storie che raccontano. Le relazioni con le ragazze sono credibili fondamentalmente per due motivi:

1. Ci sono un sacco di rotture di maroni, litigi, paranoie assurde (sì,

anche da parte del personaggio maschile).
2. Come in una relazione vera, i partner si influenzano tra loro e cambiano il loro modo di vedere le cose.

Pochissimi libri o film riescono a restituire in modo credibile la complessità e la ricchezza dei rapporti tra un ragazzo e una ragazza (il primo che mi viene in mente è "*Eternal Sunshine of the spotless mind*"), perché costretti a semplificarli per motivi di "spazio" o, più spesso, per la necessità di creare un prodotto fruibile ai più e quindi facile da vendere. Sì, non tutti hanno voglia di vivere nella finzione le menate che sono costretti a subire nella vita reale. Eppure, le menate hanno un certo fascino quando sono raccontate con stile, e Katawa Shoujo ne è un esempio. Esistono finali positivi e negativi a seconda delle nostre scelte, ma non è quasi mai una semplificazione manichea, bensì una nota positiva o negativa che non compromette una storia affascinante perché carica di tonalità di grigio (del resto, i vari modi in cui la storia si sviluppa a seconda delle nostre decisioni ci permettono di gustare gli stessi eventi da punti di vista diversi). Come i rapporti tra le persone (non solo tra amanti) nella vita reale, del resto.
Katawa Shoujo non è comunque immune da difetti; le pur ottime musiche tendono a risultare ripetitive, soprattutto se si punta al 100% di completamento, le animazioni dei personaggi sono limitate, ci sono momenti piatti qua e là e i punti di snodo, dove il giocatore influenza la storia con le sue decisioni, sono probabilmente troppo pochi e a volte arbitrari. Sono difetti di un certo conto, sì, che dipendono però dalla natura amatoriale del prodotto e non compromettono quello che è il suo valore aggiunto maggiore e così raro in una storia contemporanea: la credibilità. Leggere/giocare a Katawa Shoujo ti lascia qualcosa perché, in tutte le sue sfaccettature, porta costantemente a riflettere sui sentimenti umani e sui rapporti tra le persone. E queste cose, al di là dell'esotismo delle disabilità e del fascino delle scene zozzone, non mi sembrano così di poco conto.

V - GUIDA ALLA SOPRAVVIVENZA DELL'INTERNET POST-FACEBOOK

Introduzione: ok, quindi dovrei tornare a guardare Walker Texas Ranger, o...?

Beh, eccoci arrivati all'ultimo capitolo. Fino ad ora, non ho praticamente fatto altro che lamentarmi di come le cose andassero meglio ai vecchi tempi e fare battutine pungenti. A questo punto probabilmente mi riterrete il solito brontolone che fa tanto il superiore, ma alla fine non dà nessuna indicazione concreta. Sì, vi ho spiegato che l'internet di oggi è pieno di merda, ma come fare per non sporcarvi le scarpe sportive con le righine nelle suole che vi siete appena comprati? Beh, non è un compito semplice, ma nel mio piccolo posso provare a dare qualche indicazione. Poi, può pure essere che quello che a me fa schifo a voi piaccia, e viceversa; ciò non fa di voi dei sempliciotti e di me un guru, quanto piuttosto uno stronzo pretenzioso. Ricordando che questo libretto è molto più vicino a una serie di riflessioni personali che a una ricerca vagamente seria, a parte un buon vecchio "fate un po' quel cacchio che vi pare" forse posso comunque provare a darvi qualche indicazione su come godere delle tante opportunità che il web di oggi ci offre minimizzando i fastidi indesiderati.

E poi c'è qualche considerazione che non sapevo bene come integrare nei capitoli precedenti, ma credo che possa contribuire ad abbozzare in qualche modo un "bilancio" dell'internet post-Facebook. Inoltre, credo diano proprio un bel tono all'ambiente, e non c'è neanche rischio che qualche muso giallo ci pisci sopra (se non avete colto la citazione, non godete della mia stima, sappiatelo). Io vi consiglio di aspettare ancora un secondo prima di sostituire la lettura di questo libro con "La ninfomane e il T-Rex" o "Cronistoria Ragionata della Filatelia Norvegese negli anni '20"... poi, al solito, valutate un po' voi.

Guida alla sopravvivenza su Facebook: filtrare la propria lista di amici

Ah, Facebook. Che brutta abitudine. Scommetto che almeno una volta avete pensato di chiudere, di darci un taglio definitivo. Come con le sigarette, di solito è considerato brillante, saggio ed ammirevole smettere. Se lo fai, ti sentirai liberato di un grosso peso, con più energie e più tempo da dedicare ai tuoi cari e a te stesso, e soprattutto avrai un argomento pesante da esibire contro la debolezza di chi è ancora avezzo a quel disgustoso vizio. All'inizio, la vita ti sembrerà stupenda, e ti sentirai fiero del gesto coraggioso che hai compiuto. Poi però, arriveranno tempi difficili. Ti sentirai escluso dalla tua compagnia di amici. Ti sembrerà di avere molte occasione in meno per conoscere ragazze/i. Probabilmente, per sopperire alla mancanza, ti ingozzerai di merendine e ingrasserai. E alla fine, non riuscirai più a resistere. Ricomincerai. E dopo il primo login/il primo tiro ci sarai dentro come prima e più di prima. È un meccanismo diabolico.

Ma non tutto è perduto. Così come, con un po' di autocontrollo, qualche accorgimento ed evitando le compagnie sbagliate è possibile coltivare il comunque riprovevole vizio della sigaretta con moderazione e senza trasformarsi in Funari, è possibile anche usare Facebook con intelligenza. Molto difficile, certo, visti gli eccessi e l'incoscienza che avete avuto in passato, ma possibile.

Parte tutto da un primo passo obbligatorio a cui proprio non si sfugge, che richiede tempo e determinazione, ma è necessario per potere avere qualche speranza di incontrare vita intelligente su Facebook: la *scrematura degli amici.*

Se, come gran parte degli italiani, avete creato un profilo su Facebook nella seconda metà del 2008, presumibilmente, dopo le cautele iniziali, avrete una quantità indecente di "amici" che invece non riconoscereste trovandoveli di fronte, oppure cambiereste marciapiede pur di evitarli. Risultato: il vostro news feed è un merdaio incredibile e guardarlo a lungo può provocarvi gravi danni mentali. Dovete quindi prendere coscienza del fatto che è necessario estirpare l'erbaccia peggiore perché il giardino possa avere qualche speranza di salvarsi dall'imputtanamento totale.

Ciò non vuol dire che sia necessario togliere l'amicizia a qualunque amico che pubblica contenuti stupidi o inutili; fare tagli troppo pesanti rischia di compromettere eccessivamente la vostra vita sociale o di giudicare in modo sbagliato persone che invece possono ancora essere salvate. Quello che dovete fare ora è liberarvi (rimuovendoli dagli aggiornamenti di stato) di tutti quelli che non hanno alcuna speranza di redenzione e non possono darvi nessun potenziale beneficio. Serve una vera e propria chemioterapia.
Fidatevi di me, che come "oncologo social" non me la cavo male, e iniziate a liberarvi degli amici che rispecchiano le seguenti descrizioni:

Profili di coppia: senza eccezioni. Sì, neanche una. Togliere togliere togliere.

Profili di animali domestici dei vostri amici: con la rarissima eccezione di chi non scrive "bauuu bauu" ma fa gioco di ruolo in modo divertente, ma si tratta di casi irrilevanti rispetto alla totalità.

PR di locali: non sono difficili da sgamare, e sì, dovete rinunciare anche alle gnocche, tanto lo sapete anche voi che non ve la daranno mai, fingono di fare le simpatiche solo per convincervi a prenotare un tavolo ma poi vanno con i ricchi o i tamarri di paese.

Giovani mamme (o raramente padri) che postano solo foto dei loro bambini: capisco che debbano per forza far sentire in colpa i loro amici scapoli che possono uscire a divertirsi invece di vivere un dramma ogni notte, ma sono insopportabili. Tagliate.

Under 14: come anche il caso precedente, fanno eccezione solo i parenti strettissimi a cui siete vincolati da norme sociali. A sedici anni alcuni/e possono essere già maturi e intelligenti; prima, fidatevi, no. Non potrebbero essere iscritti in primo luogo, che cazzo.

Morti di figa/Finte troie: molto facili da riconoscere, perché pubblicano a manetta link (di solito banali o patetici) sul sesso, con allusioni esplicite. Chi fa questo e ha più di 14 anni (problema risolto dallo step di prima), se è maschio è vergine o senza speranza di farlo senza pagare, se è donna o è un roito inchiavabile oppure è una che sta con uno di 15 anni più vecchio di lei e fa la porcella per farlo ingelosire o perché non ha di meglio da fare, quindi non ve la darà mai.

I fanboys della politica: mi riferisco a quegli allegrissimi e pacati personaggi che usano il proprio profilo unicamente per fare propaganda verso un determinato partito o personaggio o, più di frequente, contro tutti gli altri, in quanto spesso e volentieri prendono per buone bufale e castronerie varie o, in generale, fracassano le palle. Ecco, non farò nomi per evitare di finire in qualche lista nera o, peggio, beccarmi delle recensioni a una stella su Amazon, ma ci siamo capiti a quale movimen… ehm, partito mi sto riferendo in particolare.

Fatto? Beh, il vostro news feed dovrebbe essere già sensibilmente migliore. Certo, ci sono ancora un sacco di merdate, altre categorie deleterie (attivisti di vario tipo, adultiminkia, hipster, disagiati di vario genere, qualunquisti) possono non essere state scremate dai passi elencati finora, e poi ci potrebbero essere ancora un sacco di pagine dannose per la vostra salute mentale; abbiate pazienza, fate le cose per gradi, arriverà anche il loro momento: attendete.

Guida alla sopravvivenza di Twitter: chi seguire e chi non seguire

Nel momento in cui scrivo corre l'Anno Domini 2015, e tutte le scimmie con accesso ad internet dovrebbero già avere un'idea più o meno precisa di cosa sia Twitter. Cacchio, riesce a usarlo Gasparri, quindi usare scusanti come "eh zio ma è troppo difficile, cioè minkia che sbatti!!1!" rende il vostro QI paragonabile a quello di un bidone del rusco.

Chi ama perdere del tempo online a tentare di gonfiare la propria autostima c'è già, evidentemente molti ritengono che snocciolare banalità preudo-umoristiche con la malcelata speranza di farsi *retwittare* da un *influencer* o, meglio, da una *twitstar*, sia un investimento per il futuro più solido dei Bund tedeschi. Molti si sono iscritti perché c'erano Fiorello e Jovanotti e, vedendo che la gente *famosa su Twitter* parlava quasi solo dei propri pasti o di quanto sono stronzi i loro colleghi, per poi trascorrere le serate guardando programmi in tv e criticandoli in *live-tweeting*, hanno pensato bene di fare lo stesso. Alcuni si sono iscritti ma non hanno superato lo psicodramma del vincolo di 140 caratteri e se ne sono tornati su Facebook a lamentarsi di quanto Twitter sia assurdo e inutile e a condividere foto di cuccioli postate dalle web agency e notizie false pubblicate da un cinquantenne fascistoide che vive con la mamma. Moltissimi devono poi essere quelli che alle elementari volevano fare gli spiritosi ma non li cagava nessuno; finalmente è arrivato il momento della riscossa e ora possono riempire gli spazi virtuali di battute forzatissime e per nulla divertenti, senza il rischio di ricevere sberle dai compagni di classe.

In ogni caso, al momento in Italia Twitter è usato da circa cinque milioni di persone, che è nulla rispetto ai ventidue milioni o quello che è di Facebook, ma non è così poco, considerando che di quei cinque milioni molti sono directioners, dipendenti pubblici o "social media specialist" autoproclamatosi tali (leggi: disoccupati) che passano quelle quattro o cinque ore medie al dì sul social network dell'uccellino: un pubblico consistente e discretamente affezionato. A parte ovviamente Facebook, gli unici altri social network con un pubblico così vasto e fidelizzato in Italia sono Badoo, con i suoi morti di figa, i suoi troll e le sue mercenarie, e Instagram con la sua folta fauna di bimbominkia e pseudoVIP. Se si vuole far parte del "popolo della rete" non basta quindi votare Beppe Grillo e sostenere la teoria del signoraggio e delle scie chimiche, ma bisogna anche avere Twitter, che cazzo.

Detto ciò, si pone un problema: dal momento che, come ho simpaticamente lasciato trapelare, Twitter è comunque PIENO di stronzi da evitare come la peste, come fare a filtrare via tutto lo schifo? Beh, basterebbe un minimo di buon senso con la gente che si segue. Se però siete degli spammoni e avete abbastanza tempo da perdere per aggiungere gente a caso, grazie alla mia provata esperienza posso indicarvi le categorie che NON dovete seguire, o *followare*, se vi sentite particolarmente fighi e vi piace abusare dei termini inglesi. Eccovi il Decalogo dell'Odio.

Non seguite/smettete di seguire:

1. Chiunque si professi "web marketing qualcosa" o "social media qualcosa" nella bio.
2. Chiunque si professi CEO, imprenditore o disoccupato.
3. Chi abusa degli #FF. Anzi, chi USA gli #FF.
4. Chi twitta *buongiorno* o *buonanotte*, anche se ironico. Soprattutto se ironico.
5. Chi scrive nella bio i gruppi musicali che segue, specialmente se sono i Pink Floyd o i Muse.
6. Chi scrive la propria età o il numero dei propri figli nella bio.Chi cita continuamente Bukowski o Jim Morrison (non siamo mica su Facebook, per dio).
7. Chi retwitta sistematicamentele le celebrità o le twitstar.
8. Chi ha "chan", "san" o altre giappominchiate nel nome.
9. Chi usa sistematicamente gli hashtag che appaiono nei Top Trend con la malcelata speranza di guadagnare follower.

Non sto a spiegarvi il perché di tutti i passaggi, anche se alcuni sono evidenti; *trust me, i know internets*. A questo punto probabilmente i pochi contatti che sono sopravvissuti ci consentiranno di avere un news feed decente (anche se durante eventi di massa come Sanremo o le elezioni la cosa migliore da fare è evitare accuratamente di accedere a Twitter in ogni caso).

Infatti se Twitter fa abbastanza pena come "fonte" generalista, per colpa dell'abuso di alcuni e soprattutto dell'idiozia di molti, usato in modo intelligente può essere invece uno strumento prezioso per intercettare opinionisti, blogger, in generale personalità che amano apparire autocompiaciute restituendo almeno qualche contenuto di qualità per gli interessi specifici, insomma, Twitter funziona bene per le *nicchie*. Inutile suggerirvi gli *influencer* da seguire perché ce ne sono a migliaia e sono estremamente diversificati nei loro ambiti, del resto solo pochi traggono veramente qualche piacere o utilità dai tweet di un esperto di pesca a mosca, per quanto arguto o puntuale (e per fortuna). Trovare fonti di ispirazioni per una nicchia di interesse su Twitter è inaspettatamente facile, perché se vi imbattete in qualcuno appassionato di cicloturismo o di origami (basta cercare le parole chiave e, se vi sentite più arditi, usare con intelligenza le liste) è probabile che poi quello vi possa far scoprire altra gente del settore con i retweet. Per evitare di perdere traccia delle vostre scoperte più interessanti nel marasma finto-intellettualistico del news feed e creare una sorta di RSS (ah, bei vecchi tempi) tematico è sufficiente buttare giù qualche lista; lo si può fare anche con Twitter "liscio", ma per gestire i vari flussi, specie se ci prendete gusto a smanettare, diventa utilissimo usare un software gestionale come Tweetdeck.

E ora, tra tutta la merda e gli utenti che interessano solo a tre gatti in croce, bisogna ammettere che qualche utente di Twitter che si salva e funge da *killer application*, giustificando quasi da solo la fatica e la distrazione che ci causa l'uso di un canale di "informazione" in più tra i tanti di cui già abusiamo.

Ecco quindi una lista delle 5 persone che chiunque usa Twitter dovrebbe seguire:

Espertodbuonemaniere/Diesus (@DIESUS): un geniaccio che sforna perle di sessismo o in generale di sopravvivenza alla società postmoderna e in più retwitta le immagini migliori delle *attention whores*: che volere di più?

Piero (@pierochat): account parodistico dell'adultominkia/analfabeta di ritorno che ci ammorba costantantemente sui social media, riesce nell'arduo compito di essere al contempo credibile e gustoso.

Paolo Sizzi (@paolosizzi): forse vi ricorderete delle foto imbarazzanti del Movimento Nazionalista Lombardo che sembrano prese dai primi video dei Rhapsody: su Twitter Paolo se ne esce costantemente con cazzate clamorose sulla craniometria e invettive razziste non prive di una certa verve

LAGGENTE (@SiamolaGente): perculata del qualunquista/

sciechimicaro tipo, sempre più al passo con i tempi, riesce a tirare fuori il meglio dello zeitgeist grillino senza risultare quasi mai ripetitivo.

Vendommerda (@Vendommerda): già noto per operare un'ammirevole selezione del peggio di Twitter con i suoi retweet, ultimamente forse si sta dedicando troppo alla politica e troppo poco ai morti di figa, ma è comunque da seguire.

E poi, vabbè, ogni tanto qualche cazzatella esce bene anche a me (**@Frullo**), se questa micro-guida vi è risultata in qualche modo utile o almeno divertente potreste pure **fare sto sforzo di mettermi il follow, non credete?**

Bufale e complottismi vari: il lato scemo del web

Voci di corridoio senza alcuna attendibilità recepite come veritiere, ipotesi deliranti assunte come verità incontrovertibili, cazzate palesemente false e tendenziose prese per oro colato, bufale che si ingigantiscono e ottengono diffusione clamorosa: questo è l'internet oggi. Ma questo è, soprattutto, Facebook, magico luogo dove le peggiori puttanate diventano realtà. A meno che non abbiate già fatto un'epurazione radicale dei vostri contatti, è alquanto probabile che solo scrollando la vostra home ci sia qualcuno che condivide falsità e disinformazione di vario genere, da immagini o slogan di puro qualunquismo apparentemente innocenti ad articoli spazzatura di diffusione virale del blog di *controinformazione* (da leggere come: disinformazione) di turno.

Alla radice della psicosi dei vari "L'HO LETTO SU UN BLOGGHE! INFORMATI!!!!1!" (che ormai è un meme) ci sono da una parte gli annosi piagnistei, tanto di sinistra che di destra, su quanto l'informazione italiana sia controllata dallo schieramento politico opposto, e dall'altra la propensione dei neofiti dell'internet a farsi buggerare da qualunque cazzata. Ciò non sarebbe poi questo grosso dramma se questi geniacci si limitassero a scaricare virus dai siti porno o a fare versamenti a sedicenti imprenditori nigeriani, ma diventa una grossa rottura di coglioni quando su internet qualunque sempliciotto che ha tempo da perdere può acquisire una certa visibilità, spargendo il virus della disinformazione come un untore manzoniano.

The cult of the amateur (trad.it. *Dilettanti.com*), libro del 2007 di Andrew Keen, denunciava anzitempo, con le iperboli e le ridondanze tipiche degli yankee, il fatto che su internet qualunque coglioncello possa riuscire a diffondere informazioni completamente false, per lucro o per puro spirito di stronzaggine, senza dover temere conseguenze di alcun tipo. La diffidenza, a dire il vero non sempre immotivata, nei confronti dell'informazione *ufficiale* ha fatto sì che alternativi di qualunque fazione tendano a prendere per buone assunzioni false e tendenziose, in virtù del fatto che affermare teorie "alternative" (dal crollo delle Torri Gemelle per opera del governo americano, ebrei, alieni, Chuck Norris, le tartarughe ninja in combutta con Carmen Sandiego, al negazionismo dell'allunaggio, a quel cacchio che pare a voi) ti rende figo agli occhi di vari altri "oh raga cioè sono troppo contro il sistema, zio", dandoti ottimi motivi per bullarti nel tuo irish pub o surrogato di Starbucks preferito, o facendoti guadagnare chances di copulare con poser ingenue/i. Se questo era già vero prima della *facebookizzazione* del web italiano, immaginatevi oggi.

Come capire se un articolo di blog o una voce diffusa su Facebook è falso? Di solito basta una ricerca lunga al massimo tre minuti su gùgol: se non trovate dichiarazioni ufficiali o quantomeno attestate da testate credibili (che stanno attente alle fonti semplicemente perché se no rischiano licenziamenti e denunce), sono al 99,9 % cazzate. Ma a volte basta un pelino di buonsenso: vi sembra credibile che Monti voglia tassare gli animali domestici, o che la Kyenge sia favorevole agli stupri a danno delle donne italiane? Per la maggior parte degli urlatori di Facebook lo era.

In ogni caso, secondo una logica induttiva e quindi quasi sempre in grado di dare ottimi risultati con poco sforzo, vi suggerisco di stare molto lontani, se non per farvi quattro risate, da blog/siti/pagine facebook con - issimo o altri superlativi nel nome (fa eccezione Paolo Attivissimo, che non ha colpe se si chiama così); riferimenti (rigorosamente senza fonti o spiegazioni minimamente credibili) al signoraggio e alle scie chimiche nei titoli e/o ogni due righe; rivendicazioni di fare *controinformazione*; appelli tipo "lo sai?" "informati!" o robe di questo genere; marcate ideologie vegane; il nesso pare poco evidente, ma dovunque ci sia da sparare stronzate i vegani ci saltano in mezzo, per qualche ragione. Probabilmente è per la carenza di proteine.

Di indizi ce ne sono molti altri, ma di solito tali siti sono tanto prevedibili e fotocopiati tra loro che basta un controllo ultra-superficiale per sgamarli.

Rimane il problema della massa di pecore e coglionotti le cui infime abilità cognitive non li fermano dal rendersi ridicoli ai pochi esseri senzienti rimasti condividendo tali baggianate. Per risolverlo, vi consiglio di non avere pietà nel togliere l'amicizia o comunque rendere invisibili dalla propria bacheca i post di questi soggetti: se sono tanto scemi da fare i fighi con queste puttanate, non credo che meritino la nostra attenzione. Ma il dramma non è finito: il contagio della disinformazione e del complottismo si è in qualche modo esteso anche a individui dotati, almeno in teoria, di qualche neurone. Se una persona che stimate o ritenete un minimo intelligente si mette a condividere le vaccate complottistiche di solito lo fa per compiacere un'alternativa/o con il malcelato obiettivo di farsela/o, ma se anche le cose fossero così è lo stesso a rischio contagio, perché ci vuole poco a dimenticarsi di stare recitando. Nel caso, vi suggerisco di non avere pietà e di non insultarlo o scherzarci su, ma fare di peggio: spiegargli che condividendo vaccate sta contribuendo a diffondere un morbo sempre più dannoso e sta dando una pessima immagine di sé a chiunque abbia un cervello: valuti lui/lei se questo vale o no una scopata.

Approfondimenti:

Protesi di complotto, brillante pagina Facebook che sputtana i complottisti et similia

Il Disinformatico, il blog del giornalista Paolo Attivissimo, che se la tira un po' ma è molto puntuale ed efficiente nello smerdare le bufale più diffuse.

Andrew Keen, *Dilettanti.com*, edito da Geonext e acquistabile online per meno di un pacchetto di paglie.

Quando prendere per il culo i creduloni è un'arte: intervista all'admin di Protesi di Complotto

Come ho appena scritto, il microverso virtuale che ruota intorno alle bufale e complottismi vari è tanto irritante quanto esilarante, da un certo punto di vista. C'è chi poi chi ci ha preso gusto nel deridere un certo tipo di contenuti, ottenendo un grande seguito online. La pagina Facebook la dovreste già conoscere, si chiama "Protesi di Complotto" e l'admin, sul libro paga del New World Order, preferisce restare anonimo per non trovarsi orde bercianti sotto casa.

Caro admin di Protesi, innanzittuto: come hai cominciato? Il tuo scopo era quello di raggiungere l'attuale notorietà o, come spesso accade, si tratta di un cazzeggio che è diventato qualcosa di più grande?

Non credo di avere raggiunto la notorietà nemmeno ora, anche perché non sono "uscito" dalla rete come tante altre pagine, orribili e non. Comunque ho iniziato per cazzeggio e per divertimento. Alla fine mi fanno ridere le cose che posto, però i commenti degli utenti sono spesso molto più intelligenti dei miei. Avere utenti intelligenti è un'ottima cosa.

Per il tuo "lavoro" ti tocca infiltrarti all'interno delle comunità dei complottisti per estrapolare le loro perle. Non hai paura che ciò nel lungo termine possa deteriorare le tue facoltà mentali?

Per ora non è successo, ma temo succederà. Quando mi vedrete postare link a TzeTze o a LoSai? senza un commento ironico saprete che ho raggiunto il punto di non ritorno. Comunque mi aiuta molto il fatto di potermi ancora stupire delle cose che i complottisti sono in grado di scrivere, anche dopo migliaia di post.

Domanda scomoda: tutte le teorie del complotto sono da buttare, o c'è qualcosa che secondo te si può salvare? E cosa?

Diciamo che il complotto parte dal dubitare della versione ufficiale, che di per sé è una cosa buona. Lo spirito critico è sempre da premiare. Il problema dei complottisti è che esulano dalla critica, si bevono qualsiasi stronzata trovata sul web e peccano di logica. Loro pensano di essere attenti ed astuti, invece si fanno fregare dalle stesse strategie comunicative a cui credono di essere immuni. Paradossalmente sarebbe molto più logico pensare che i complotti a cui vanno dietro siano stati creati ad hoc dalla CIA o simili per distoglierli dai complotti veri. I "complotti veri" si possono trovare nelle politiche estere di molti paesi, nell'agire dei servizi segreti, nella finanza. Di certo non nelle scie degli aerei ed in Obama rettiliano.

E di siti non direttamente "complottisti" ma che comunque macinano soldi con i banner diffondendo notizie farlocche tra il razzismo e il populismo, come ad esempio Catena Umana, Piove Governo Ladro e cloni vari, che ne pensi? Sono meno o più pericolosi di altri?

Sono pericolosi quanto il singolo complottista che posta un'immagine e viene condiviso milioni di volte. Certo, loro sono stimolati ad inventare complotti per poter continuare ad avere click, quindi più motivati a creare bufale.

Per concludere: raccontaci la minaccia più divertente che hai mai ricevuto. Perché sono convinto che non ne hai ricevute poche.

Un tizio di Forza Nuova voleva venire a menarmi sotto casa, non è che mi facesse sentire tranquillissimo. Il migliore però rimane quello che, disperato, voleva entrare nel NWO perché ormai stremato dalla battaglia contro il sistema. Gli ho detto di scrivere una raccomandata a NWO, sezione iscrizioni e piogge infuocate, Cologno Monzese.

Ateismo 2.0
ovvero quanto sei figo se bestemmi

Non sono un grande fan di John Lennon, detto questo il pezzo di *Imagine* che fa "Imagine there's no countries, it isn't hard to do, nothing to kill or die for, and no religion too" mi garba un bel po'. Soprattutto il *no religion too*. Sì, lo ammetto, anch'io sono un "dreamer".
Rifacendomi al brano citato, sogno un mondo possibilmente senza troppi spargimenti di sangue, ma se proprio devono essere necessari che almeno non vengano più giustificati per mezzo della religione, dai!
Quindi sì, sono abbastanza ateo, e di certo *i'm not the only one*. A percorrere questa strada ci hanno provato in molti: socialisti (dei tempi antichi), comunisti, sessantottini, persino i metallari. L'amore (e il rutto, nell'ultimo caso) libero era un bel richiamo, senz'altro, ma il calcio balilla in parrocchia a quanto pare tirava di più.
Poi è arrivato il Duemila. Che ovviamente non ha portato la rivoluzione, né ha cambiato più di tanto la mentalità della gente comune. È arrivato internet però, e con lui i social network. La sottocultura di internet, come stanno a testimoniare le immense moli di immagini e video di perculamento, ha sempre deprecato più o meno apertamente le religioni. Non tanto nell'ottica di una presunzione sinistroide, quanto nell'ambito di un ragionamento che molti sottintendono ma in pochi fanno apertamente, del tipo "Siamo nel 2016, la scienza spiega più o meno tutto già da un po', c'abbiamo l'aifon e l'aipad, che ce ne facciamo di queste due storielle?"
Questo, quando tali immagini e video erano appannaggio di una nicchia (sì, lo so, sono uno snob). Poi, dal 2008 in poi, tale sottocultura è diventata più o meno a portata di chiunque sapesse usare un po' internet. Grazie (o per colpa di) in primo luogo di Facebook, neanche a dirlo. Ed ecco la proliferazione di pagine blasfeme più o meno di qualità e l'esplosione dell'*ateismo di massa*. Bestemmie come se piovesse. Gente che fino l'altro ieri faceva il chierichetto che condivide le peggiori abominazioni per fare il figo. Ateismo, ateismo dappertutto. Ma è veramente cosa buona e giusta (ho fatto una battuta, a questo punto dovreste ridere)?
Non sta a me dirlo. Io, come tanti altri negli anni dello psicodramma

adolescenziale, ci tenevo particolarmente a fare il figo facendo il *senza dio*. Non c'erano ancora i social network, ok, ma non so quanto cambi in effetti. Oggi ho le idee un po' più chiare su alcune cose, e meno su altre, non ho più bisogno di vantarmi di essere ateo, anche se credo che lasciarsi alle spalle questo pesantissimo fardello culturale/sociale sia una cosa piuttosto buona. E giusta. Non mi faccio problemi a presenziare alle cerimonie religiose, se socialmente inevitabili. Non bestemmio quasi mai, a meno che non mi cadano le chiavi nel tombino. Di tutto ciò sono soddisfatto, per ora, poi si vedrà.

E gli atei 2.0? I bestemmiatori di Facebook? Cosa faranno quando dovranno mantenere la loro bacheca pulita perché alla ricerca di un lavoro? Come si comporteranno quando andare contro all'opinione dei parenti non sarà più particolare motivo di vanto tra i coetanei? "Ah, non lo so io", direbbe uno che all'Onnipotente aveva sempre qualcosa da dire. Ciao Germano. Idolo dell'Ateo 2.0, tuo malgrado.

Dissacrare i morti, e altre simpatiche facezie

"La Morte viene, silenziosa come un alce, dai vivi ci separa con il taglio di una falce"

Non voglio star qui a scrivere sul valore emotivo e culturale della morte, perché in troppi l'hanno fatto prima di me (ciao Foscolo, se mi leggi), e nemmeno della rappresentazione della morte nella fantastica epoca di internet e Facebook.

Non sto a parlare della moralità di scherzare sulla morte, perché alla fine ognuno la pensa a modo suo in proposito, e cerca inevitabilmente di inculcare il suo concetto agli altri: da qui l'eterna diatriba moralisti vs antimoralisti che ammorba praticamente qualunque contenuto controverso postato su internet e su facebook in particolare. In sintesi la mia idea è che valga la pena di parlare di tutto quello che fa ridere e/o è interessante, che questi argomenti suscitano tanto scalpore perché quasi tutti gli italiani (in particolare, ma non solo) hanno un feeling morboso verso la morte tipicamente cattolico, che la maggior parte della gente è ancora tanto assuefatta alla logica censoria e eufemistica della tv democristiana e berlusconiana (la seconda più o meno uguale alla prima, ma con qualche tetta in più) da volerla applicare pure al web. C'è poi da dire che la libertà di espressione della rete ha abituato chi ha iniziato a usarlo prima del boom di social network e smartphone a dire quel che ci pare senza farci grossi problemi, ma che i peones sbalzati direttamente dal pomeriggio di Canale 5 alla rete grazie al sitarello di Zuckerberg non vogliono e non possono accettare ciò (non sono proprio cognitivamente pronti a farlo). Da sottolineare poi gli immancabili difensori del buon costume di turno, che rispondono a chi osa fare dell'ironia sui morti famosi offendendolo pesantemente, o minacciando/augurando la morte a lui e ai suoi cari. Coerenza tipicamente cattolica e italiana. Ma forse hanno ragione loro, del resto noi non siamo andati in tivù, quindi non meritiamo rispetto né da morti né da vivi.

Ci tengo solo a far sapere che gli "antimoralisti" hanno rovinato il gioco del *black humour*, togliendo l'aspetto ludico e ironico e lasciandolo fine a sè stesso: da qui le puttanate spacciate per pensiero raffinato nella pagine bimbominchiose con Cyanide & Happiness nell'immagine di profilo, le pagine troll che spuntano periodicamente fuori quando crepa qualcuno di famoso e che vedono manifestarsi legioni di benpensanti dediti all'insulto sistematico, al punto che prendersi gioco dei morti è ormai considerato "figo" dai finti alternativi, e pertanto ogni volta che si parla dei morti si rischia di venire tacciati non più di essere irrispettosi, ma modaioli!

E quindi? E quindi, fintanto che non arriverà il momentaccio anche per noi, possiamo ancora sollazzarci con un sito come **Il Morto del Mese** che, senza volere guadagnare facili consensi o offendere nessuno, si limita a fornire necrologi ironici di grande qualità e a lasciare la voce agli appassionati della morte del web italiano, che possono eleggere democraticamente il morto preferito del mese. Per ricordare una personalità di spicco, per ironia, per divertimento: chissenefrega delle motivazioni. Tanto dobbiamo morire tutti, prima o poi.

BONUS STAGE: Il meglio e il peggio delle ricerche su Google

Che la gente usasse Google in modo bizzarro, ricercando le cose più malsane, assurde o perverse lo si poteva già immaginare. Però, forse, non ci si poteva aspettare che con tali ricerche astruse la gente finisse su IMDI, un sito fondamentalmente dedicato all'umorismo da secchioni. Ah, i misteri della SEO (search engine optimization, per i meno acuti). In ogni caso, grazie all'ammirevole potenza di calcolo offerta gratuitamente da Google Analytics, sono potuto andare a frugare tra le oltre 5000 diverse parole chiave (o combinazione di tali) che hanno condotto tanti ignari internauti a finire su queste sponde.

Alcuni dei risultati, beh, non necessitano certo di un commento, se non "MA CHE CAZZO?!".

Vi offro quindi una selezione del meglio (o il peggio) delle ricerche che hanno condotto a imdi.it, divise per categorie.

Tutte queste ricerche sono state rigorosamente copia-incollate dai dati Analytics, nulla è stato inventato.

Come del resto vi potevate immaginare, non mancano volgarità terribilli, io vi ho avvertito.

CHE CAZZO STAVANO CERCANDO??!!
perchè ban imdi frullo
perché hipster cervo
oltre a tumber quali siti esistono
4chan team fortress pokemon
"a bordo" navi crociera puttanaio
come navigare con internet a antona massa
come fare sesso con nonna 85anni
chi è il proprietario dei meme
cd qualunque similarita con persone esistenti
flatulenza solforosa
il frullo hitler
frullo e spina si conoscono?
ora che hai stuzzicato le mie fantasie mi lascia sola
il cantante pitbull dice di avere il pene grosso

COME CAZZO HANNO FATTO A FINIRE SU IMDI?!
cos'è il lettore empirico
portare a letto un hipster
la plastica si scioglie nel gasolio
bouledogue francese sdraiato trifonie mongole
istituti psichiatrici lobotomia
a mi me gusta bailar al ritmo vuelta meme
alzheimer delirio ricorda la strada di casa
caesar salad è un iponimo?
elisabetta canalis e steve gilchrist glover

PORNOGRAFIA
4chan pedofilia
la piu meglio e migliore bocchinara
festa di gruppo hard
animal sex
porn pedo
gay story
posters pederastia greca
si infila un barattolo nella figa
cazzi veri
brutte fighe pelose
foto di gnocche da paura
cathegories boobs
donne troie che scopano con cani

CANCER/MEMEMINKIA
immagini di memes da mettere su facebook
come si chiama il programma del troll face,fuuuuu man
come si chiamano i fumetti con l'omino d e i meme?
usare 4chan
trollface zalando
meme face zalando
simile a 9gag
sapete trovarmi l'immagine dei memes con la mano sulla faccia??
memes di harry potter
tutti i memes di facebook
come aggiungere brazzers su foto
applicare le memes ad una foto
come sono nati i trollface

GENIALATE
non me ne fotte un cazzo degli handicappati
ma le donne hipster si depilano?
il fantasy mi fa cagare
all'università' mi stanno tutti sul cazzo
al mondo siamo troppi
a fess e mammt
into the wild fa schifo
famosi vecchi e meno vecchi o che semplicemente vi stanno sulle palle
vasco rossi malato terminale 2012
che so sti meme
i marchigiani sono terroni?
frullochan

QUESTI SI DROGANO
una canzone pitbull che dice stronzate facebook
rage comics cazzo esisto
che sia l'amore ad unire le genti è una solenne puttanata. la coesione nasce e cresce fertile solo quando è generata dall'odio.
film cervellotici con il finale incerto mi fanno cagare a spruzzo, mille volte meglio bombolo che scoreggiava e mangiava merda.

OUTRO
Basta leggere, torniamo su internet

Oh, è la terza volta che mi tocca, ma non sono mai capace di "chiudere" un libro. Per gli scrittori dei romanzi è più facile, hai tre opzioni: happy ending, muoiono tutti oppure finale aperto. Per chi invece scrive saggistica, dovresti fare un bilancio, un punto della situazione, una previsione...

E come cacchio si fa se il tema trattato sono le community online? In 20 anni circa di *world wide web*, di roba sotto i ponti ne è passata un bel po'. In queste pagine ho provato a mettere in campo qualche ricordo e qualche citazione, relativa alla mia esperienza e con un lavoro di ricerca un po' cinofallico. Non credo che tuttora esista, nemmeno in inglese, un testo che faccia qualcosa di simile senza scadere nell'accademico, risultando quindi illeggibile. Se esiste, beh, fatemelo sapere. In ogni caso, alla fine di questo breve viaggio, spero almeno che il vero significato del titolo (che, se siete molto distratti, è *Facebook killed the Internet Star*) vi sia evidente. Se non è così, ho sbagliato qualcosa io, oppure avete sbagliato qualcosa voi, non so.

Come al solito, se il libro non vi ha fatto troppo schifo, valutate l'opportunità di un commento di due righe su Amazon. Non vi chiederei questo favore se non fossero così importanti per l'indicizzazione. E siate generosi, che sicuramente mi arriveranno diversi commenti da una stella di morigerati a cui danno fastidio le parolacce o gente che è stata bannata cinque anni fa da IMDI e ancora se la lega al dito, quindi se controbilanciaste non mi farebbe troppo schifo.

Per il resto, la mia presenza sui social oggi è quasi esclusivamente legata a Nativi Digitali Edizioni e quindi ad attività professionali o comunque pseudo-professionali, IMDI esiste ancora ma per fortuna c'è stato un discreto cambio generazionale e io faccio più che altro la mascotte, l'unico angolo di cazzeggio vecchio stile che mi ritaglio ancora è la mia pagina personale; per trovarla, cercate "Marco Frullo Frullanti" su feisbuc. Se volete contattarmi per ricoprirmi d'insulti, leccarmi il culo o scambiare quattro chiacchiere, fatelo lì.

Non aspettatevi dei suggerimenti di approfondimento o una bibliografia, che cacchio, per chi mi avete preso. Se volete conoscere di più il mmagico mmagico mondo del web e delle strane entità che lo popolano, vi posso dare un solo consiglio: *lurk moar*.

SEE YOU SPACE COWBOY

Marco "Frullo" Frullanti

GLOSSARIO NERD

Bannare: espellere qualcuno da una community online. Nelle chat si usa *kickare* per indicare i ban temporanei.

Basement Dweller: espressione difficilmente traducibile che indica chi passa tutto il tempo su internet senza quasi mai uscire e vive con i suoi genitori, specie se oltre i 20 anni (vedi anche: *NEET*).

Cancer: la degenerazione di significato di meme e dei fenomeni su internet, collegata alla loro diffusione fuori dal contesto originale. Per capirci, quando il PD usa la trollface in un volantino rivolto ai neoelettori.

Chanspeak: lo slang tipico di certe cerchie ristrette sul web (i chan, appunto), in alcuni casi diventato ben più diffuso, soprattutto attraverso i meme e la loro viralità.

Feels: letteralmente "sentimenti", spesso usato nel contesto di "i know that feel bro" o "dat feel when", a indicare un'empatia comune tra gli utenti di certe comunità, dove il collante di solito è la sfiga o qualche forma di disagio sociale.

For the lulz (o *for teh lulz*): slogan "tradizionale" di 4chan, che giustifica i comportamenti distruttivi all'interno delle community online se attuati con lo scopo di divertire/divertirsi.

Lol/lel/lulz: Risate. Spesso e volentieri usato ironicamente, soprattutto se con accezioni distorte come *kek* e *topkek*.

Lurkare: frequentare un forum o una community online senza partecipare alle discussioni, ma solo osservando. Vedi anche *lurk moar* (storpiatura di "more"), usato di solito in risposta a chi chiede informazioni banali.

Memehunter: chi frequenta siti, forum e social network allo scopo di raccogliere immagini (soprattutto meme, appunto), spesso per ricondividerli a sua volta.

Normalfag/Normie: "persona normale" agli occhi degli utenti di certe community, che evidentemente non si autodefiniscono tali, e quindi di solito è da considerare un insulto. Vedi anche *pleb*.

Noob/Newfag: traducibile con *niubbo*, indica chi è nuovo di una community online, ne misconosce le consuetudini ed è quindi disprezzato dagli *oldfag*. Se vi chiamano così in un gioco online, vuol dire che state facendo schifo.

Raid: "invadere" massicciamente un'altra community online allo scopo di infastidire o, più raramente, sensibilizzare gli utenti.

Repost: diffondere un contenuto già pubblicato su una certa comunità online, da se stessi o da altri.

Shitposting: letteralmente "pubblicare stronzate", pratica spesso attuata ironicamente (es: la board /s4s/ su 4chan).

Shitstorm: polemica che coinvolge molti utenti all'interno di una community. Termine spesso usato impropriamente al posto di *raid*.

Troll: chi frequenta una comunità online con lo scopo principale di creare confusione e infastidire gli altri utenti. Oggi usato spesso in modo translato o improprio.

Weaboo/Weeb: appassionato di animazione e cultura contemporanea giapponese, quasi sempre usato in senso denigratorio o autoironico. Vedi anche: *otaku* o *giappominkia*.

Ti è piaciuto questo libro?

Nativi Digitali Edizioni pubblica testi di autori italiani emergenti in formato digitale, il nostro è un mercato di nicchia, non disponiamo di budget importanti per investimenti pubblicitari e quindi facciamo affidamento anche alla buona volontà dei nostri lettori per farci conoscere. **Vuoi sostenerci?** Hai diversi modi per farlo:

- Scopri gli altri ebook dal catalogo sul **nostro sito** **www.natividigitaliedizioni.it** e acquistali dallo **store** che preferisci
- Lascia una recensione onesta nella store dove l'hai comprato
- Seguici sui nostri **canali social**
- Se il libro che hai appena letto ti è davvero piaciuto e ritieni che meriterebbe più diffusione, **parlane** ai tuoi amici lettori, oppure sui forum e gruppi di appassionati.

In ogni caso, ricorda: non farti prendere dal panico e, ovunque vai, porta con te un asciugamano.

Anni '90 – Dagli 883 a Carmageddon

Arriva per tutti un momento nella vita, quando arrivano i primi capelli bianchi o finisce la spensieratezza degli anni di cazzeggio universitario, in cui si ripensa ai nostri miti dell'infanzia. Nel caso di Marco "Frullo" Frullanti, nerd di vecchia data che l'infanzia non l'ha mai veramente superata, è andata ancora peggio: se avete la sfortuna di conoscerlo (rischio remoto, visto che sta sempre in casa a guardare vecchi film e a giocare a vecchi videogiochi) non farà altro che menarvela su quanto gli anni '90, considerati dai più un decennio sfigato, siano invece una "golden age".

La prospettiva è quella della "Generazione Y", cresciuta col Nintendo 8 bit ma non con l'iPhone, quei laureati precari e "choosy" che hanno visto nascere internet, verso la fine degli anni '90, e quindi ne conoscono come nessun altro il retroterra culturale.

Alla sua generazione e a quel decennio grigio e sbiadito, eppure così carico di sfumature per chi ha la pazienza di coglierle, Frullo ha voluto dedicare *Anni '90 – Dagli 883 a Carmageddon*. Se voi gli anni '90 li avete in qualche modo vissuti qui, tra una citazione nerd e una sviolinata nostalgica, potrete trovare una collezioncina di ricordi, e pure qualche riflessione.

Un Gaijin in Giappone

Da Holly e Benji a Dragon Ball, passando per i Pokemon e Final Fantasy, generazioni di bambini italiani sono cresciuti con un'idea mitizzata del Giappone, filtrata da manga, animazione e videogiochi.

Frullo era uno di questi bambini. Così, con la scusa di andare a trovare i suoi amici giapponesi Tonic e Taka, nell'estate del 2013 parte insieme al belga Benjamin (sembra una barzelletta) per due settimane di viaggio tra Osaka e Kumamoto, con la missione di scoprire di più su quel bizzarro arcipelago che tanto lo ha affascinato e sui suoi stravaganti abitanti.

Da questa esperienza nasce **"Un Gaijin in Giappone"**, a metà strada tra un diario di viaggio e un racconto ironico, con l'obiettivo di trarre un bilancio da quel viaggio tra templi buddisti, sale giochi, onsen, karaoke e ramen, e di rispondere alle domande che assillavano il nostro eroe: che diavolo è il Giappone contemporaneo, alla fine, e chi diavolo sono i giapponesi di oggi?

Indice generale